ATLAS

DE

vinos
insólitos

PIERRICK BOURGAULT

EDITORIAL JONGLEZ

Contenido

Vinos de hielo en Quebec

Viticultores intrépidos logran elaborar vino en este clima glacial

Desde que Jacques Cartier descubrió este territorio en 1534, la viticultura quebequesa ha conocido numerosos fracasos. Aunque Montreal esté en la latitud del viñedo bordelés y Quebec al nivel de Borgoña, las condiciones climáticas son más duras. El invierno mata las cepas si no están protegidas, las yemas están bajo la amenaza de las heladas primaverales, el verano demasiado corto no facilita que la viña desarrolle su ciclo vegetativo y la nieve de otoño pisa los talones a los vendimiadores.

Las primeras cepas importadas para el vino de misa se congelan y, cuando sobreviven, sus uvas no maduran. A finales del siglo XIX, algunos viticultores plantan cepas más rústicas. Cuando llega la ley seca, Quebec escapa a la prohibición total del alcohol pero las importaciones baratas rivalizan con la producción local y el cultivo de la viña desaparece hacia 1930. Tras cuatro siglos de fracasos, el sueño parecía tan inalcanzable como Jacques Cartier estaba convencido de haber encontrado oro y diamantes en Asia, cuando lo que cargaba en sus barcos no era más que pirita y cuarzo de Norteamérica.

Pero al viticultor le gustan los desafíos. Las plantaciones retoman hacia 1980 con cepas adaptadas al clima como la *seyval, vidal, geisenheim, cayuga, eona* (blancos) o *maréchal foch, santa-cruz, de chaunac, chancellor* (tintos). Vigorosas y rápidas a la vez, estas variedades logran terminar su ciclo vegetativo en un tiempo récord. Para soportar el frío invernal, se aporcan las cepas (se cubren con tierra a principios de noviembre, en forma de loma, y se destapan a finales de abril o principios de mayo) con un tractor y herramientas especiales. Los viticultores compran equipamientos inverosímiles: quemadores para recalentar las viñas, ventiladores para combatir las heladas primaverales, helicópteros para hacer descender el aire caliente hacia el suelo. Se han visto incluso cañones de nieve, ya que el blanco manto protege la tierra del frío polar. Lo más sorprendente, el vino de hielo proviene de la vendimia de diciembre o enero a temperaturas de -8 ºC a -12 ºC. Al congelarse el agua a 0 ºC, los cristales de hielo permanecen en la prensa mantenida a -7 ºC: un fenómeno de concentración por el frío denominado crioselección. El jugo que se extrae es más rico en azúcares y en acidez – y por lo tanto en aromas – que si se vendimiase y se prensase la uva a temperatura positiva. Quebec respeta pues las reglas de la OIV (Organización Internacional de la Viña y el Vino) para elaborar el verdadero vino de hielo.

Si normalmente 100 kg de uva dan de 80 a 85 litros de jugo, este volumen no llega a más de 12 a 15 litros en estas condiciones extremas. Trabajar con un frío glacial para obtener escasos volúmenes hace del vino de hielo una especialidad exclusiva y cara: la botella de 0,20 l se vende a unos 20 €. La cata revela aromas a albaricoque, mango, miel y frutas confitadas, impregnados de un buen frescor.

Quebec y Ontario son los mayores productores de vino del mundo. En Alemania, Austria y Alsacia (Francia), algunos viticultores también elaboran vino de hielo según las normas de la OIV en condiciones de helada natural… Una curiosidad que el calentamiento global hará aún más insólita.

© Luc Villeneuve

Saint-Malo

FRANCE

Goriška Brda

SLOVENIA

Saint-Jean-de-Luz

N

500 km

Vino bajo el agua

¿Qué pasa si se sumergen las botellas y las barricas?

De vez en cuando, los buceadores encuentran un barco mercante cargado de botellas, cien años después de su naufragio. Estas botellas supervivientes se subastan. ¿Cuál es la calidad actual de estos vinos y cómo reacciona el vino en las profundidades acuáticas? ¿Cómo actúa la presión provocada por las profundidades? Si en el fondo del mar, la baja temperatura ralentiza la evolución biológica, las corrientes submarinas que agitan las botellas aceleran, al contrario, la evolución del vino. ¿En qué medida?

Con el fin de estudiar el efecto del medio marino, se han llevado a cabo varios experimentos: Drappier sumergió durante un año 660 botellas de champán Brut Nature y Grande Sendrée 2005 en la bahía de Saint-Malo, a una temperatura de 9 ºC a 17 metros de profundidad, en la oscuridad. En 2009, en Eslovenia, la cooperativa Goriška Brda también sumergió arcones de botellas en una fuente de agua dulce durante varios años (*klet-brda.si*). Yannick Heude, bodeguero y presidente de la asociación «Immersion», estudia la evolución de los vinos en el medio marino: «El champán sumergido presenta un color más oscuro, más amarillo, y una efervescencia menos viva, lo que parecería reafirmar la idea de que el proceso de evolución se acelera».

En la bahía de San Juan de Luz, el viticultor Emmanuel Poirmeur (*facebook.com/emmanuel.poirmeur*) no se limita a la crianza: realiza fermentaciones en cubas de plástico sumergidas, con la ayuda de pescadores vascos: «Lo que me interesa es el comportamiento de las levaduras en estas condiciones. Los antiguos viticultores tenían en cuenta la meteorología y la presión atmosférica que varía 10 veces más, bajo agua, con la marea. La temperatura es de 10 a 13 ºC en invierno, 17 ºC en verano. Utilizo pues el océano como un recurso energético que da a la vez la temperatura, la inercia térmica, la agitación y la contrapresión necesarias para elaborar unos vinos espumosos que me sería imposible lograr en tierra. Registré una patente en 2007 y hay una tesis en curso en Montpellier. Quiero rendir homenaje a un precursor, Jean-Louis Faget, que en los años 1990 depositaba botellas en las granjas de ostras». Emmanuel Poirmeur fabrica pues cubas de 500 litros en polietileno Flextank, impermeables a los líquidos y porosas a los gases, en las que añade azúcar y levaduras, como para la segunda fermentación de un champán. Unos submarinistas se encargan de remolcar y atar sus cubas. Emmanuel prepara dos vinos: uno 100 % marítimo y el otro con el 10 % procedente de las cubas fermentadas bajo el mar. «10 % es suficiente para modificar los sabores; ensamblo, como con las barricas. Constato que los vinos son más afrutados, alimonados, lima y yuzu».

Vino naranja

Vinificar la uva blanca como si fuera tinta,
con sus hollejos, da un "vino naranja"

Tradicionalmente, el vino blanco se obtiene prensando uva (blanca o tinta) y dejando fermentar el mosto obtenido. Para el vino tinto, el orden de las operaciones se invierte: primero se deja fermentar la uva (evidentemente tinta) y luego se prensa.

Los taninos de las pepitas, los colorantes y los aromas de los hollejos pasan de este modo al mosto que se convierte, con el paso de los días, en vino.

Sólo un puñado de viticultores aplica este segundo método a las uvas blancas. El vino que se obtiene forma parte de la categoría de los blancos, pero con un color más denso y un sabor más intenso y complejo, dados por las pepitas y los hollejos.

Se le llama «blanco de maceración» o «vinificado a la italiana» o «vino naranja» – no confundir con el «vino de naranja» que es una maceración de cáscaras de naranjas en alcohol destilado de vino blanco.

En Eslovenia, el viticultor Ales Kristancic elabora así su cuvée Lunar. Separa las uvas de la cepa rebula de sus racimos y las deposita en barricas borgoñonas para macerarlas con los hollejos. El peso hace que se rompan las uvas, la fermentación se inicia y dura seis meses. Las barricas están cerradas con una ventanilla para que el gas carbónico pueda salir. Ales Kristancic no prensa su uva: se limita a extraer el mosto obtenido y lo embotella un día de luna llena. Evidentemente, con este método sin prensado, el rendimiento no supera el 25 % de lo que obtendría si prensase el contenido de las barricas, pero las botellas se venden a un precio elevado. «Un buen vino es un vino que ha asumido riesgos», asegura este viticultor mediático que ha ganado varios premios internacionales y que exporta el 80 % de su producción.

En Croacia, Giorgio Clai, utiliza el mismo método de fermentación en barrica abierta, que es el que se usa para los tintos de Borgoña aunque ningún borgoñés procede de este modo para sus blancos. Tras separar las uvas de los racimos (despalillado), la maceración dura 30 días y, contrariamente a Ales Kristancic, Giorgio Clai utiliza una prensa: «Yo macero del mismo modo el tinto y el blanco, con sus hollejos. El primer año, quitamos los escobajos con las manos y prensamos con los pies, de ahí el nombre del vino: Ottocento, ¡como en los años 1800!». La graduación obtenida es alta: «Mi blanco menos fuerte tiene un 15 % de alcohol. Mis vinos no temen la cocina, ¡son más bien los platos quienes lo temen! Sin duda, no es un vino que se beba todos los días», bromea el viticultor burlón que cultiva su viña de modo biológico. «No añado azúcar ni levaduras, me gusta encontrar el sabor de la añada y del terruño en el vino, que será diferente si ha llovido o no».

En Francia, cada vez más fincas elaboran su propio «vino naranja», incluso Gérard Bertrand, en el Languedoc. En Turena, cerca de Azay-le-Rideau, Marie Thibault-Cabrit vinifica su *cuvée* Vino Bianco, procedente al 100 % de sauvignon blanc, macerada durante meses con sus hollejos, «a la italiana», en barricas que no son nuevas, sin añadir levaduras para orientar la fermentación (adición de levadura) ni azúcar para lograr un grado de alcohol mayor al que las uvas pueden dar (chaptalización). Además utiliza pocos sulfitos. En cuanto a las viñas, nada de herbicidas, sólo tratamientos biológicos y vendimias manuales.

Marie Thibault-Cabrit

Vino de Montmartre

Una viña en plena ciudad. El vestigio de una época en que la Isla de Francia fue la región vinícola más grande y próspera del país

Hacia los siglos II y III de nuestra era, a los Parisii les gusta tanto el vino de Italia y del sur de la Galia que plantan cepas en su adorada ciudad de Lutecia. Cierto es que el clima no permite que todos los racimos maduren, pero los sabores acidulados son apreciados y el suelo calizo resulta ser propicio para la viña. La real ciudad es rica, los talleres de ánforas y prensas se multiplican, como lo revelan las excavaciones arqueológicas. Alrededor de las abadías parisinas, los monjes plantan, vendimian y elaboran vino con el mismo amor que en Borgoña. Alain Valentin, gran trovador de la Commanderie de Montmartre, cuenta la historia de este *Rey de los vinos y vino de reyes*: «El de la Goutte d'Or era el preferido del rey Luis IX (más conocido con el nombre de San Luis, 1214-1270). En cada aniversario de la consagración real, París tenía por costumbre ofrecer al palacio cuatro almudes* de este preciado néctar». En el siglo XVIII, más de 40 000 hectáreas de viña sacian la sed inextinguible de una región próspera y poblada. Pero como calidad no rima con cantidad, los altos rendimientos de uvas no maduras dan un vino acidulado llamado *guinguet*** (etimología desconocida) «capaz de hacer bailar a las cabras, pero que se bebía como si fuera agua», prosigue Alain Valentin. Poco alcoholizado, el *guinguet* se conserva mal y se avinagra si no se bebe con rapidez en las *guinguettes*, esos innumerables cabarés populares parisinos.

En el siglo XIX, los trenes transportan los vinos del sur de Francia, de mejor calidad y más baratos, la expansión de la ciudad encarece el precio de los terrenos, la filoxera mata las cepas y la Primera Guerra Mundial, a los viticultores. En unos cincuenta años la producción local doblemente milenaria se apaga.

---

* En París, un almud equivalía a 268,220 litros (ochos pies cúbicos).
** Guinguet: vino agrio y barato de París.

En 1933, sin embargo, París planta el minúsculo viñedo de Montmartre, al haberse opuesto varios artistas a un proyecto inmobiliario en un jardín situado en la ladera norte de la loma. Así pues crece una viña, en recuerdo de aquellas que ocuparon la vertiente sur, más soleada. Las vendimias folclóricas y las cosechas están apadrinadas por artistas franceses: Mistinguett, Fernandel, Annie Gordy, Maxime le Forestier, Pierre Perret, Gérard Junot, Laurent Voulzy, Nagui, Hélène Ségara, Anne Roumanoff… Entre las 1 800 cepas casi exclusivamente tintas (75% de *gamay*, 20% de *pinot noir*, *seibel*, *merlot*) crecen algunas cepas de *sauvignon blanc*, *gewurztraminer* y *riesling*. El ayuntamiento del distrito XVIII es el único de Francia cuyo sótano alberga una bodega para vinificar la uva y guardar las botellas. Con declaración de cosecha y cápsula con impuestos, todo está en regla.

El Clos Montmartre se vende durante la fiesta de la vendimia y el resto del año en el Musée de Montmartre (12, rue Cortot, 75018 Paris). Algunas botellas antiguas son «no consumibles», como lo anuncia el sitio web del Comité de Festejos con una clara franqueza. Desde que hay un enólogo, la calidad ha mejorado sensiblemente.

Vendimia festiva de las dos cepas del bar Chez Mélac, Paris 11ᵉ

22

El regreso del vino de Isla de Francia

Hoy en día, las viñas vuelven a verse en París y en numerosas ciudades de Isla de Francia. Parques y jardines públicos o privados acogen esta planta tan humana que cuidan jardineros municipales y voluntarios que trabajan en asociaciones. Podan las viñas, vendimian y experimentan con la vinificación de garaje. Las dos vides del bistró Mélac, en el distrito 11 de París, se cosecharon con gran algarabía durante una fiesta en la calle y los pies de los niños pisaron las uvas para producir unas treinta botellas de Château Charonne, que luego se sortearon. Tras un periodo de inseguridad jurídica -elaborar alcohol sigue siendo un quebradero de cabeza administrativo-, viñas arrancadas y botellas destruidas por las aduanas, la asociación de los Vignerons Réunis Franciliens (asociación de los viticultores de Isla de Francia), presidida por Patrice Bersac y otros implicados consiguieron obtener derechos de plantación para la región de Isla de Francia, e incluso una Indicación Geográfica Protegida.

En 2015, los tres socios de Winerie Parisienne crearon una bodega urbana profesional en París y luego en Montreuil para vinificar uvas compradas en distintas regiones. En una segunda etapa, en Davron, en la llanura de Versalles, el trío plantó *chardonnay*, *chenin*, *pinot noir* y *merlot*. El Domaine de la Bouche du Roi era el más grande de la región, con 27 hectáreas. Los agricultores locales se unieron a ellos, deseosos de anticiparse al calentamiento global. En 2019, se vinificó la primera cosecha de una parcela de *merlot* en una bodega situada en el primer piso de la Torre Eiffel: «Queremos volver a colocar París en el mapa de las regiones vitícolas y desarrollar el futuro del vino parisino, gracias sobre todo al turismo, que es una fuente de ingresos y una forma de darnos a conocer». Esta bodega provisional se desmanteló al cabo de dos años y medio, pero la Bouche du Roi conservó algunas botellas de esta primera cosecha de la Torre Eiffel, todo un símbolo del renacimiento del vino parisino.

Redes antipájaros de las viñas de Pierre Facon, en Neuilly-Plaisance

Burdeos monovarietal

*Un raro ejemplo de burdeos monovarietal en un mundo bordelés
donde el ensamblaje de diferentes cepas es la norma*

Si una orquesta reúne varios instrumentos, un perfumista mezcla diferentes fragancias y un pintor elige una gama de colores en su paleta, en la región de Burdeos, los maestros bodegueros son a la vez directores de orquesta, perfumistas y pintores.

Para elaborar un burdeos tinto, asocian cepas autorizadas en la denominación: *merlot, cabernet sauvignon, cabernet franc* y *malbec*, más algunas rarezas llamadas *petit verdot, villard noir, carménère* y *fer servadou*. Los tres primeros ocupan 99 % de los viñedos de uvas tintas.

Cada cepa se vendimia cuando está madura y la uva se vinifica en cubas separadas. Tras una profunda reflexión y cuidadosos ensayos, se mezclan los vinos durante un proceso llamado ensamblaje: cada *cuvée* libera sus cualidades y el conjunto logra el equilibrio deseado. Cuidado con el vocabulario: las palabras mezcla y *coupage* son peyorativas y aluden a los vinos mediocres, *ensamblaje* es un término más noble.

Incluso en las denominaciones donde se utiliza una única cepa – *pinot noir* en Borgoña, *gamay* en Beaujolais – las parcelas de una explotación se vinifican por separado, según su madurez unida al clima y al terruño, y con frecuencia son ensambladas por vinicultores. La calidad de los ingredientes da la calidad del conjunto.

En la región de Burdeos, esta tradición de asociar las cepas viene de la época en la que se prensaban juntas la uva blanca y la uva tinta para obtener el clairet (o claret) que se exportaba por barco a la actual Inglaterra y a los países del Norte: la prudencia terrenal invita en efecto a «no poner todos sus huevos en la misma cesta» y a cultivar, de manera escalonada, cepas con distintas fechas de floración y con diversas sensibilidades, para reducir los riesgos ligados a las épocas de lluvia y a las enfermedades. Después de la crisis de la filoxera, a finales del siglo XIX, la cepa *carménère* parecía extinta. En 1991, se halló sin embargo una en Chile. Aunque esta cepa da bajos rendimientos y se muestra sensible a la *coulure* o corrimiento (la lluvia arrastra el polen, comprometiendo la fertilidad), unos pocos viticultores de la región de Burdeos la replantan a pesar de todo.

Hoy, con su Pure Carménère, Henri Duporge abandona esta noción de ensamblaje. El vino es monovarietal, cosechado con bajos rendimientos (20 hl/ha) y cultivado biológicamente, sin productos químicos.

Del mismo modo, Château Belle-Vue (sur de Médoc) produce vino monovarietal, 100 % petit verdot.

En 2021, el INAO autorizó cuatro nuevas variedades de uva de maduración más tardía para luchar contra el calentamiento global (arinarnoa, castets, marselan y touriga nacional). Están destinadas a completar las mezclas y mantener el estilo de Burdeos, no a crear un vino monovarietal.

Una viña monumento histórico

Un viñedo plantado en Gers hacia 1820

Caso único en Francia, unas cepas cultivadas acaban de ser inscritas en el Inventario de los monumentos históricos: este jardín familiar situado en Sarragachies en el Valle de Adour (Gers, Francia) se libró de la filoxera… y de los arranques de las cepas. «La abuela de mi abuela ya decía que eran viñas viejas», contaba René Pédebernade que, a los 87 años, seguía atando cepas y postes con mimbre según la técnica ancestral. Antaño, cada familia de Sarragachies tenía su propio «jardín de viñas», plantado con diferentes variedades locales tintas y blancas, y elaboraba su vino casero – hoy llamado «de garaje».

Este jardín, hoy declarado monumento histórico, tiene varias características sorprendentes. Al primer vistazo, se divisa una plantación antigua en «cepa doble»; el mismo poste sujeta dos cepas en altura, sin duda para ahorrar en madera. Las cepas forman cuadrados de 2 metros para que un caballo, o un buey, pueda pasar por todas partes para desherbar y labrar.

Los expertos de SupAgro Montpellier, del Instituto Francés de la Viña y del INRA calculan que la plantación data aproximadamente de 1820, dado que el terreno arenoso evitó que la filoxera se propagara.

Por último, el análisis genético de estos vestigios vivientes revela 20 cepas diferentes, de las cuales siete son totalmente desconocidas.

Este vestigio vegetal sobrevivió a los arranques de viñas porque el jardín familiar no estaba sometido a las exigencias de rentabilidad ni a la moda de las cepas.

En otros lugares, las viñas han sido remplazadas: o porque su rendimiento era muy bajo o porque no producían suficiente alcohol o porque los viticultores se conformaban con los clones autorizados y certificados. En los años 1980, la creación de la Denominación de Origen originó el arranque y la replantación de numerosas parcelas. Las leyes del mercado, la exhortación de la administración y de los consejeros agrícolas han destruido tanto como la filoxera.

Al igual que lo hacen un millar de viticultores, Jean-Pascal Pédebernade – el hijo de René – vende su uva a Plaimont Producteurs. «Para salvar estas viñas antiguas, nos han motivado dos razones», revela Olivier Bourdet-Pees, director general de la cooperativa. «Defendemos las cepas locales porque han crecido bajo las condiciones locales, con las particularidades del terreno y del clima. Estas cepas están adaptadas a nuestra pluviometría, 1000 mm de agua al año. En 1950, las 20 cepas más plantadas representaban el 47 % de la producción, hoy, ¡el 86 %!». La herencia genética y la biodiversidad se están derrumbando.

Una de las cepas desconocidas encontradas en la parcela de Sarragachies, bautizada como pédebernade nº 1, ha sido testada en una microvinificación.

Da un vino con sólo 7°. Para Olivier Bourdet-Pees, esta característica ofrece una esperanza: «En Noruega, los impuestos suben en función de la graduación de alcohol. El vino de baja graduación es un camino al futuro». Algunos han comprendido con esto que la biodiversidad favorece la adaptación a un mercado evolutivo y diversificado, por lo tanto favorece la rentabilidad a largo plazo…

Viñas macho y hembra en un mundo vinícola donde todas las cepas hoy homologadas son hermafroditas

En Sarragachies, se encuentran incluso viñas macho – sin uvas – y viñas hembra. Desde hace tiempo, los viticultores seleccionan en efecto plantones hermafroditas, a la vez machos (para fecundar) y hembras (que dan racimos). Todas las cepas hoy homologadas son hermafroditas: ninguna es macho ni hembra.

© Pierrick Bourgault

UNITED-KINGDOM

North
Sea

NETHERLAND

English Channel

BELGIUM

GERMANY

Lille

Cherbourg

Amiens

LUX.

Reims

Metz

Brest

Paris

*Champagne
Cattier*

Nancy

Strasbourg

Rennes

Orléans

Belfort

*La Table
Rouge*

Dijon

Besançon

Nantes

SWITZERLAND

Poitiers

FRANCE

*La Maison
Romane*

Atlantic
Ocean

Limoges

Clermont-
Ferrand

Lyon

ITALY

L'Enclos

Bordeaux

Nice

MONACO

Toulouse

Montpellier

Marseille

Perpignan

Ajaccio

SPAIN

Mediterranean
Sea

N

100 km

El caballo viticultor

Estos últimos años, algunos viticultores están volviendo a la tracción equina

Las excavaciones del viñedo de Pompeya revelaron la importancia de los animales de tiro para las labores de la viña, lo que confirma Plinio el Viejo en *Naturalis historia*. Los ganaderos adiestraban a bueyes y caballos con el fin de usar su fuerza mecánica para tirar de las carretas y labrar los campos.

El siglo XX fue testigo del final de la tracción equina. Iniciada a caballo en 1914, la Primera Guerra Mundial terminó, cuatro años más tarde, entre petardeos de motores de explosión, infatigables, potentes y a los que no había que alimentar cuando no funcionaban. Después de la guerra, las fábricas de tanques montaron tractores para sustituir los brazos que faltaban en las granjas. Si un hombre y un caballo pueden labrar entre las cepas 0,1 hectárea por hora, un tractor será 5 veces más rápido y, por lo tanto, más barato aunque haya que tomar en cuenta el coste de reemplazo de las cepas rotas por el tractor y los años de baja producción de las nuevas cepas. En total, un hombre y su caballo pueden trabajar de 7 a 8 hectáreas de viña al año, contra 50 ha con un tractor. Las cualidades del animal son, sin embargo, numerosas: más allá de su imagen ecológica (ni maquinaria por comprar, ni gasolina por importar) y del hecho de que alimenta su energía localmente (pasto, cereales…), los viticultores aprecian sobre todo sus ventajas agronómicas:

Arado de la tierra. Aunque el peso por cm^2 bajo una pezuña puede ser mayor a lo que se obtiene con neumáticos grandes de baja presión, el caballo aplasta menos el suelo que un tractor, corrobora Oronce de Beler (Borgoña): los neumáticos forman una banda de rodamiento que representa un verdadero muro de tierra aplastada, obstruyendo lombrices y raíces y perjudicando la vida del suelo y el desarrollo de la viña. La vibración del motor aplasta aún más, incluso con un tractor oruga. Labrar con un caballo airea mejor el suelo, los conglomerados de tierra son visiblemente más finos y la viña aprovecha mejor el terruño. Oronce de Beler admira también la aptitud del caballo para trabajar en viñas en pendiente, para maniobrar y dar media vuelta en un metro cuadrado. Su inteligencia y su sentido del equilibrio evitan los accidentes.

© Pierrick Bourgault

Suavidad y precisión. Según Philippe Chigard (Touraine), «para viñas excepcionales, viejas, escarpadas, complicadas, el caballo es mucho mejor que el tractor. Es alta costura». El tractor pasa con fuerza y rompe cepas con regularidad. Para transmitir al nieto la viña plantada por el abuelo, y que da jugos de alta calidad, el caballo es más suave que el tractor, y su trabajo más sostenible.

Contacto del viticultor con la viña, con herramientas manuales. Oronce de Beler construye sus propias herramientas manuales: «El hombre no se sienta ni encima ni dentro de una cabina climatizada, sino que está en contacto directo con el terruño. En un tractor, el hombre abandona su viña». Lo que confirma Philippe Chigard: «¡Estas herramientas hacen vibrar los brazos! El viticultor vuelve a descubrir por qué la viña padece más en una parte de la parcela y crece mejor en otro sitio – piedra, calizas, arcillas. Lo que el abuelo sabía y que hemos olvidado».

Agricultura biológica. Trabajar con un caballo implica practicar la agricultura biológica. «Ni hablar de pulverizar azufre o cobre: los caballos tienen las mucosas frágiles y tosen. ¡No vamos a ponerles máscaras de gas, como en la Primera Guerra Mundial!», bromea Philippe Chigard. «Hasta el purín de ortigas puede ser agresivo, obligándonos a lavar al caballo después». Chigard preconiza la pulverización a espaldas del hombre perfectamente protegido.

Bienestar. Todos concuerdan en la felicidad que proporciona la ausencia del ruido de los motores y el bienestar que ofrece trabajar con el caballo en las viñas, «un pequeño paraíso». La presencia animal restablece la trinidad hombre, animal, vegetal. El biodinamista Nicolas Joly afirma que las entidades presentes en la viña aprecian la presencia animal.

¿Cuántas fincas vinícolas utilizan el caballo? Entre el uso ocasional, incluso festivo, y la actividad regular, resulta difícil citar nombres. La más famosa es, sin duda, Château Latour cuyas 47 ha de la mítica parcela conocida como L'Enclos son labradas con caballos.

Las pulverizaciones ecológicas se hacen con pulverizadores de espalda; las de cobre y azufre, en tractor para intervenir rápidamente si es necesario. En las lindes del bosque de Amboise, Philipe Chigard tiene siete caballos de tiro que trabajan en las viñas y forma a empleados carreteros. «Las labores de la viña con caballos permiten también proteger razas de caballos en vía de extinción – auxois, comtois, ardenés, bretón…».

En Borgoña, Oronce de Beler crea herramientas ligeras, manuales, destinadas a las labores de la viña.

En Champaña (Francia), la familia Cattier (Chigny-les-Roses) también utiliza caballos para realizar varias tareas en el viñedo.

Viña de la Coulée de Serrant

¿Qué significa la mención "biodinámica" en las etiquetas?

Toda Denominación de Origen Controlada (AOC, DOC o DOP) tiene como objetivo garantizar al consumidor la expresión del sabor de un lugar a través de la viña y del vino. Sin embargo, según Nicolas Joly, viticultor cerca de Angers, esta idea genial ha conocido cuatro dramas: «Los herbicidas matan a los microorganismos del suelo que permiten que las plantas se alimenten. Si ato y amordazo a un tipo en medio de buenos manjares, no podrá alimentarse. Segundo drama, la fertilización sustituye este crecimiento ligado al suelo por la de los abonos químicos, que contienen sales. Si usted consume demasiada sal, tendrá sed y beberá más agua, razón por la cual el crecimiento provocado por abonos químicos viene realmente en gran parte del agua. Tercera consecuencia de este desequilibrio: el exceso de agua provoca diversas enfermedades, mohos y hongos. Así que se han inventado los pesticidas, que afectan al organismo entero. La cosecha es abundante pero carece de la huella del suelo o del clima. Cuarto peligro, la tecnología en la bodega, que sustituye las deficiencias de la agricultura sin que el consumidor esté informado. Me refiero en particular a esas terribles levaduras aromáticas (existen más de 300) que dan un sabor a cítrico, a grosella negra, en pocas palabras, vinos imitables en el mundo entero porque han sido privados de su origen». Para hacer frente a estos callejones sin salida estructurales, Nicolas Joly propone una agricultura biodinámica, o «biológico-dinámica». Este enfoque no es nuevo: hacia 1920, ciertos agrónomos alemanes, preocupados por la modernización de las técnicas y por el efecto de los abonos en la fertilidad de los suelos, pidieron la opinión de filósofos «antroposóficos». En 1924, Rudolf Steiner dio una serie de conferencias recogidas en un complejo libro titulado *Curso a los agricultores.*

Hoy, la palabra biodinámica se aplica sobre todo al vino: asociando dos términos positivos, anuncia prácticas agrícolas «en armonía con la naturaleza» y tranquilizadoras para el consumidor. Un viticultor que practica la biodinámica sigue, por supuesto, los métodos de la agricultura biológica: ni abonos químicos ni pesticidas de síntesis para la viña, una vinificación que emplea menos productos que para el vino «convencional».

Pero el viticultor biodinámico también inventa «preparados» que se salen de lo común: tisanas de plantas como la cola de caballo o el «purín de ortigas» para pulverizar o el «estiércol de cuerno» obtenido dejando estiércol de vaca en un cuerno de bovino durante varios meses. Estas sustancias, diluidas en agua «dinamizada» de esta forma, se usan en una dilución casi homeopática.

El viticultor biodinámico respecta también el calendario lunar, los días «raíz» u «hoja» con el fin de realizar tal o tal operación.

Otros ejemplos de prácticas curiosas: poner música en las viñas y en la bodega (ver p. 110) por su supuesta influencia, negarse a cortar la extremidad de los tallos, como lo hacen los otros viticultores durante el despunte para interrumpir el crecimiento de la planta y permitir así que se concentre en su uva.

Para Nicolas Joly, la biodinámica no es ni una lista de recetas ni un argumento de venta a la moda ni un storytelling poético. Se ha hecho famoso en el mundo del vino por haber convertido a la biodinámica desde 1984 su viñedo de la Coulée de Serrant, cerca de Angers. Desde entonces, recorre el planeta y enseña esta visión radicalmente diferente de la agricultura.

Una denominación de solo 7 hectáreas y un curso de biodinámica de Nicolas Joly.

Con sus 7 hectáreas, la Coulée de Serrant no solo es una de las denominaciones vitícolas más pequeñas, sino también la finca de una única familia, la de Nicolas Joly, padre de la viticultura biodinámica.

¿Cómo puede una tisana diluida combatir las enfermedades de las plantas?

Nicolas Joly : «La agricultura clásica actúa sobre la vida en el plano físico al añadir, por ejemplo, potasio o nitrógeno. La biodinámica trabaja en otro plano, el energético. Los agricultores lo saben bien: su cosecha (si retiramos el agua) viene de la fotosíntesis, por lo tanto de la energía que capta la planta. La biodinámica favorece este sistema de recepción: no actúa en el plano físico sino justo en el anterior, cuando la planta toma estas fuerzas y las transforma en materia».

¿El vínculo natural se altera entonces?

N.J. : «Sí, porque miles de satélites y de antenas saturan la atmósfera. Cada teléfono móvil, cada GPS genera frecuencias cercanas a las frecuencias cósmicas, por lo tanto desorganizadoras para el sistema que da vida a la Tierra. Esto es aún peor que los 50 hz de las líneas de alta tensión por lo mismo que, en una escala musical, la nota disonante que más perturba es la que más cercana está de la nota concordante».

¿Qué peligro tienen estas frecuencias?

N.J. : «Muchas enfermedades contemporáneas. Estamos hechos de vibraciones: la salud es el equilibrio de miles de micro ritmos. Imponer uno dominante perturba el conjunto. Los jóvenes que nacen en este entorno corren el peligro de agotar rápidamente su capital de salud. Esto tiene que parar aunque exista un mercado alrededor de estas tecnologías de la información. En función de su genética y su alimentación, su resistencia será mayor o menor».

¿Cómo debería evolucionar la agricultura?

N.J. : «La agricultura va a volver a ser el arte de vincular un lugar a las fuerzas que necesita, para que las plantas y los animales manifiesten lo mejor posible su potencial y el de su territorio. No aportar nada, dejar simplemente que las cosas sucedan de la mejor forma. Se obtendrá así el verdadero sabor de un lugar, de un suelo, que la viña capta por sus raíces y sus hojas, como antenas. Cada cepa lo logra de un modo distinto: tres artistas ante el mismo paisaje pintarán tres cuadros diferentes».

¿Qué importancia tienen los rendimientos bajos?

N.J. : «El rendimiento es la clave. Si volvemos a lo que la tierra puede producir, habrá menos enfermedades y las producciones serán de mejor calidad, sin sobrecoste químico. Por supuesto, esto depende de la inversión inicial y, por lo tanto, del precio de compra de las viñas».

¿Qué piensa de la agricultura biológica?

N.J. : «La agricultura biológica es la primera etapa, evita el aporte de sustancias de síntesis desorganizadoras. No nos alimentamos de una materia, sino de las energías que contiene. Cuando consumimos materias caóticas, desorganizadas, nos desorganizamos nosotros mismos. La agricultura biológica dice a la naturaleza: te respetamos y haces tu trabajo. La agricultura biológica es magnífica pero, desgraciadamente, hoy no es suficiente».

¿La biodinámica no tiene un efecto placebo en el consumidor?

N.J. : «¡Lo tiene sobre todo en el agricultor y en las plantas! El mismo tratamiento realizado por alguien entusiasta o por otro al que le importa un bledo tendrá efectos diferentes. Al igual que la mano verde de los jardineros, que sigue siendo una incógnita, el efecto placebo representa una fuerza colosal para el hombre que se sitúa, con sus fuerzas de pensamiento y de corazón, por encima del reino mineral, vegetal y animal. El hombre es el director de orquesta. Los músicos son el lugar, la climatología, el paisaje y la geología».

¿Cuáles son sus límites?

N.J. : «Una certificación en biodinámica no garantiza que se manifieste en el vino. En biodinámica, los resultados varían según la comprensión del agricultor y la sinceridad de su compromiso, como la música tocada por un músico y su instrumento. Una certificación, incluso seria, como Demeter, no garantiza la plena manifestación de preparaciones en biodinámica».

¿Cómo juzgar la calidad de un vino?

N.J. : «Dejando la botella, retomándola al día siguiente. En el vino convencional, la vida se desmorona. El vino biodinámico es como una persona joven que necesita que la despierten: explota. La agresión de la oxidación despierta al vivo, pero si el vino no tiene suficiente vida, muere. Es también una prueba para comprobar si aguantará diez años en bodega».

Un burdeos macerado en nieve carbónica

Una técnica innovadora, espectacular y no química

Sin químicos, y hasta natural: la espesa nube de vapor que sale del tonel no es más que gas carbónico, el CO_2 presente en el aire que respiramos. En Côtes de Bourg, cerca de Burdeos, es efectivamente con nieve carbónica que Stéphane Destrade vinifica una parte de la cosecha de su Château Blissa para mantener el frescor de la uva. El modo de empleo de esta insólita técnica: Stéphane Destrade deja primero su uva en una barrica de roble nuevo a una temperatura de 6 ºC durante seis días para la clásica maceración prefermentativa en frío. Cada 6 horas, añade nieve carbónica para que la temperatura permanezca baja. Este método consiste en dejar que las uvas maceren en frío durante unos días antes de activar la fermentación. Utilizada a menudo para los vinos blancos, da aromas más afrutados que si se iniciara la fermentación a temperatura ambiente justo después de las vendimias – al igual que un guiso cocinado a fuego lento sabrá mejor que si se hubiese guisado a fuego rápido en una olla a presión.

Evidentemente, esta maceración prefermentativa en frío sale cara en espacio de almacenamiento y en electricidad (aquí, en nieve carbónica) para el enfriamiento: el respeto de los aromas afrutados, frágiles, tiene un precio.

Seis días después de la vendimia, Stéphane Destrade vuelve a verter nieve carbónica (gas carbónico solidificado a – 78,5° C) sobre la uva. Una impresionante nube de humo blanco surge del tonel. Las uvas se rompen. «Este proceso da taninos muy melosos y vinos muy sexis», comenta Stéphane Toutoundji, el enólogo de Blissa. «Los equilibrios son más interesantes, los vinos más coloreados y afrutados. El hielo actúa como un sorbete, para extraer lo mejor de la uva».

Otra ventaja: la saturación de gas carbónico impide que la uva se oxide. Durante los seis días de fermentación a 18° C, la materia se mezcla removiendo las uvas, el mosto y los hollejos con un palo (operación denominada bazuqueo) y se remonta el mosto con la ayuda de una manguera (remontado) para que la fermentación sea homogénea.

Como con el té, cuanto más se remueve y más materia se extrae, más tánico y teñido será el mosto.

Luego se aparta el vino en lo que el tonelero recoloca la tapa de la barrica, donde terminará su evolución.

Stéphane Destrade era financiero en Londres, lo dejó todo para ocuparse de la propiedad familiar y elaborar el vino que le gusta: «afrutado, muy fresco y puro, con taninos sedosos». Una vinificación de nueva generación, insólita en los tradicionales castillos bordeleses.

© Tonnellerie Quintessence

UNITED-KINGDOM

North Sea

NETHERLAND

BELGIUM

GERMANY

English Channel

Lille

Amiens

LUX.

Cherbourg

Reims

Metz

Paris

Nancy

Champagne

Strasbourg

Brest

Rennes

Orléans

Belfort

Dijon

Besançon

Nantes

SWITZERLAND

Poitiers

FRANCE

Limoges

Clermont-Ferrand

Lyon

ITALY

Atlantic Ocean

Bordeaux

Nice

MONACO

Toulouse

Montpellier

Marseille

Perpignan

Ajaccio

SPAIN

Mediterranean Sea

N

100 km

Champán rosado: una rarísima excepción a la regla del vino rosado

¿Por qué el champán procede de una cepa negra?
¿Qué es el blanco de negros? ¿Qué hay del champán rojo?

Primera sorpresa: 90 % de las botellas de champán contiene vino blanco, mientras que 70 % de la superficie del viñedo está plantada de uvas negras. La *pinot noir* da particularmente los grandes tintos de Borgoña, pero de ella también sale el «blanco de negros» evitando cuidadosamente que la piel tiña el mosto de prensa.

¿No sería más lógico elaborar un vino blanco con uva blanca?

Cierto, pero la *pinot noir* da una estructura robusta y un buqué fino, poderoso, intenso, con una bonita complejidad aromática: todo el carácter de los grandes champanes. La vendimia se hace a mano, los racimos enteros son transportados con cuidado en cajas y prensados rápidamente: la vendimiadora está prohibida porque aspira las uvas, las tritura y la piel teñiría los mostos. «Un champán bien blanco demuestra el saber hacer del viticultor. Durante mucho tiempo, el rosado fue considerado un defecto, una herejía», declara Hubert de Billy, de la finca Pol Roger. El «blanco de blancos» viene de la cepa blanca *chardonnay* que ocupa el 30 % restante del viñedo.

Segunda excepción: para elaborar su rosado (10 % de la producción), los champañeses añaden un poco de vino tinto autóctono al vino blanco. Esta mezcla garantiza el control preciso del color, característica importante para un producto de lujo y de moda. Pero ¿no está prohibido en teoría mezclar vino blanco y vino tinto para obtener un rosado? Cierto, pero como se realiza una segunda fermentación en botellas para la formación de la espuma (fase en la que el champán se hace espumoso), las características organolépticas del champán son distintas a una simple mezcla de vinos de dos colores.

La máquina llamada giropalet tarda unos días en girar automáticamente las botellas hacia abajo (Bouvay-Ladubay, Saumur)

Manualmente, sobre los pupitres, la misma operación dura varias semanas (Champán Cattier)

La excepción de la excepción: algunos inusuales rosados de champán (1 % de la producción) resultan de sangrados, obtenidos dejando el mosto de la *pinot noir* macerar con los hollejos. Se deja la uva en la prensa toda la noche y se prensa por la mañana.

Frente al entusiasmo del público, los viticultores han terminado por considerar el champán rosado como un vino respetable, e incluso Pol Roger produce su rosado.

Por último, la guinda del tonel, como la ley no prohíbe ningún matiz en la gama de los rosados, algunos viticultores llevan el corcho aún más lejos, hasta el champán rojo (existen muy pocos vinos tintos en Champaña, pero sin burbujas). En el siglo XIX, esta curiosidad se obtenía añadiendo de 25 a 35 % de vino tinto tranquilo y, después, un licor de expedición también tinto. Al igual que unos pocos viticultores, Élodie y Fabrice Pouillon elaboran, para su propio consumo, botellas de este «rosado muy pronunciado» dado que el champán rojo no existe oficialmente (el CIVC – Comité Interprofesional de los Vinos de Champaña – suspende a todo viticultor que se atreva a mostrarlo en un escaparate).

En la finca vinícola Bouvet-Ladubay, en Turena (Francia), el tinto espumoso semiseco se llama Rubis. El tinto espumoso está más extendido en Italia, especialmente con los lambruscos y los vinos de Oltrepo Pavese, como el bonarda.

Champán Mumm

© Pierrick Bourgault

El champán, ¿un invento inglés?

En la Edad Media, en todas las regiones de Francia, los monjes cultivaban la viña y vinificaban la uva para celebrar la eucaristía pero también para vender su vino. En Champaña, el clima es más frío que en las abadías borgoñonas, pero se escogieron las mismas cepas – *pinot noir* y *chardonnay*. Para facilitar la comercialización de los toneles, se plantaban sabiamente las viñas cerca de los ríos navegables (Marne, Aube, Aisne) que convergen hacia París y Rouen. Entre los años 816 y 1825, la coronación de 33 reyes de Francia en Reims otorgó al vino local un prestigio inigualado, aunque la uva no siempre llegara a madurar y los caldos resultaran ácidos.

Inglaterra compraba a sus vecinos champañeses toneles de este vino normalmente tranquilo, sin burbujas, a los que se les añadía azúcar de caña para suavizar la acidez.

Pierre Pérignon, llamado Dom Pérignon, monje benedictino (1639-1715) observó entonces un fenómeno misterioso que sólo las investigaciones de Louis Pasteur (1822-1895), que revelaron la acción de las levaduras, lograron explicar: cuando llega el frío del invierno, la actividad de estos microorganismos cesa en los toneles y se reinicia cuando llega el buen tiempo. Añadir azúcar alimenta las levaduras y despierta su actividad. Si el viticultor embotella este vino, las botellas revientan, incapaces de aguantar la presión ejercida por el gas carbónico que desprende esta nueva fermentación.

Los pragmáticos ingleses empezaron a fabricar vidrios más sólidos gracias a las altas temperaturas obtenidas con el carbón, mientras que los franceses seguían calentando sus vidrios con leña. Por todas estas razones (el azúcar añadido y las botellas resistentes), varios autores afirman que el champán es un invento inglés y no francés.

El principio del champán no ha cambiado: la primera fermentación en cuba abierta da un vino tranquilo, la segunda se hace en sólidas botellas gracias a la adición de azúcar de remolacha* (el licor de tiraje). Las botellas se tapan con tapones de metal, como una simple cerveza, y empieza la segunda fermentación. El gas carbónico, al no poder salir, entra en el vino, produciendo así las burbujas.

Para eliminar las levaduras muertas, feas, se colocan las botellas encapsuladas con el cuello hacia abajo en un pupitre, poco a poco, y el poso va cayendo hacia el gollete. El degüelle consiste en abrir la botella para eliminar este poso y en rellenar rápidamente el nivel de líquido de la botella con licor de expedición (con vino tranquilo, más o menos dulce, o incluso con vino seco).

Ya sea de remolacha o de caña, el azúcar que se añade para provocar una segunda fermentación es sacarosa. El viticultor Fabrice Pouillon utiliza, para una de sus cuvées, azúcar procedente de un mosto muy maduro, de la misma parcela y de la misma añada. Su champán es totalmente autóctono, sin añadir ingredientes externos al viñedo.

* El azúcar de remolacha fue inventado en 1811 por Benjamin Delessert, para contrarrestar el bloqueo de azúcar de las Antillas impuesto por los ingleses, que estaban en guerra contra Napoleón I.

Copias belgas e inglesas del champán

En Bélgica, Ruffus elabora su vino espumoso con las mismas variedades de uva (*chardonnay*, *pinot noir*, *pinot meunier*) y el mismo método tradicional que en Champaña (Francia). Y al sur de Londres (Kent, Sussex, Hampshire), el mismo suelo calcáreo y el clima más cálido hacen que Inglaterra, gran amante de los vinos espumosos, pueda producir *cuvées* similares a las de Champaña.

© Pierrick Bourgault

© Pierrick Bourgault

Vino amarillo

Un método de vinificación y sabores únicos

Los enólogos son tajantes: el vino tiene que conservarse protegido del oxígeno que provoca sabores a oxidación y a rancio, aromas viejos, y hasta avinagramiento.

El oxígeno es vida: bacterias, mohos y levaduras se lo pasan en grande. Todo el mundo lo sabe, una botella abierta y olvidada durante unas semanas en la estantería corre el riesgo de dejar de ser bebible. El oxígeno es el temor del viticultor y la razón por la que llena sus toneles al ras. A medida que el vino se evapora, a causa de la microoxigenación, a través de las porosidades de la madera, el viticultor va añadiendo más vino con regularidad. Esta volatilización se llama poéticamente «la parte de los ángeles» y el llenado es el relleno.

Raros son los vinos que se arriesgan a infringir la regla del relleno. En el Jura, la cepa autóctona savagnin da un vino blanco apreciado. Algunos viticultores lo guardan en un tonel que no llenan del todo: un inquietante velo de levaduras Saccharomyces cerevisiae va creciendo en la superficie del vino.

Al cabo de seis años y tres meses, el primer fin de semana de febrero, se perfora el tonel durante un gran festejo. El vino se mete en botellas de tamaño reducido de 0,62 l, llamadas clavelin. Distinto del clásico 0,75 l, este volumen original indica «lo que los ángeles se han bebido», es decir, la evaporación durante todos estos años, partiendo de un litro de vino aunque parece que el clavelin tiene también su origen en una botella inglesa.

Durante los 75 meses de crianza bajo velo, el vino blanco adquiere un color dorado al que califican de «amarillo». Se parece a un licoroso pero se revela totalmente seco en boca, sin azúcares residuales. Su sabor evoca el de las nueces, con un largo en boca sorprendente: han aparecido moléculas aromáticas específicas.

Otra originalidad, se conserva durante varios cientos de años y una botella descorchada puede permanecer un tiempo en la estantería sin oxidarse desagradablemente: este vino ya ha conocido el oxígeno. La Organización Internacional de la Viña y del Vino lo ha inscrito en los «vinos especiales». Cabe señalar que algunos viticultores, como Overnoy o Puffeney, dejan envejecer su vino amarillo en barrica aún más tiempo que los seis años y tres meses reglamentarios de la AOC (Denominación de Origen Controlada).

Otros vinos «bajo velo»

El jerez español es otro ejemplo de vino criado según esta técnica llamada «bajo velo», nombre que viene del velo de levaduras que se forma. Algunos viticultores en Francia, fuera del Jura, intentan también esta experiencia, como Robert y Bernard Palgeoles (Gaillac) y la finca Jorel (Maury) con su vino La garrigue, procedente de la rara cepa macabeo, que permanece 10 años bajo velo.

No confundir el vino amarillo con la otra especialidad del Jura, el macvin, que se obtiene agregando aguardiente de orujo (procedente de la destilación de los holejos fermentados) al mosto. El macvin existe en los tres colores: tinto, osado y blanco.

Bernard Pujol, canciller de la Cofradía de los embajadores de los vinos amarillos (Jura)

Vino de la sima de Padirac

Un vino madurado en el fondo de un agujero de 75 metros de profundidad

En Dordoña, la magnífica sima de Padirac tiene 75 metros de profundidad y 33 metros de ancho. Antigua cueva cuyo techo se derrumbó de forma natural en una época desconocida, Édouard-Alfred Martel exploró la sima y su río subterráneo en 1889.

Para celebrar los 130 años de su descubrimiento, el Gouffre de Padirac se asoció en 2019 con la propiedad vinícola Clos Triguedina para lanzar su primera *Cuvée des 130 ans* (*cuvée* de los 130 años), elaborada con cepas centenarias de malbec de la denominación de origen Cahors.

Medio millar de botellas numeradas de la cosecha Probus son depositadas en la sima, a 103 metros bajo tierra, para que maduren durante un año. Las condiciones son ideales: 97 % de humedad y una temperatura perfectamente estable de 13 ºC; no hay riesgo de que el corcho se seque. La estética singular de las instalaciones parece ofrecer un lugar ideal: ¿no dicen que los buenos productos nacen en paisajes hermosos? Los resultados estuvieron a la altura de las expectativas, y repitieron el experimento con una segunda y una tercera *Cuvée des 130 ans*, una experiencia que ahora llevan a cabo cada año.

© C.Gengk-SESdePadirac

CUVÉE DES 130 ANS

À l'occasion du 130ème anniversaire de sa découverte,
le Gouffre de Padirac s'est associé au Clos Triguedina pour
créer une cuvée spéciale : la Cuvée Probus des 130 ans.

Près de 500 bouteilles et 24 magnums de cette cuvée de
vignes centenaires pur Malbec en AOC ont été enfouis ici
en mai 2020.

À 103 mètres sous terre, les conditions de conservation
sont exceptionnelles : un taux d'humidité de 98% et une
température de 13° toute l'année.

Le vin se bonifiera dans cette cave naturelle au centre de la
terre durant un an, jusqu'au printemps 2021.

Creada en 1976 por la familia Baldès du Clos Triguedina, viticultores desde 1830, la cosecha Probus recibe el nombre del emperador Probo o «Probus» (c. 232 – 282), de quien se dice que autorizó cultivar viñas en la Galia. Un edicto de Domiciano lo había prohibido dos siglos antes para proteger a los viticultores de la península itálica.

En la actualidad, la *Cuvée des 130 ans* puede degustarse en la parte baja del Gouffre de Padirac durante las visitas VIP y se vende en la tienda *gourmet* de Padirac y en el Clos Triguedina. Los visitantes están invitados a compararlo con el Probus madurado en bodega.

© L.Nespoulous_SESdePadirac

© Eure k-SES de Padirac

Le Clos Cristal

Una vid que atraviesa muros

Una historia para salivar. Nacido en 1837 en Turquant, cerca de Saumur (Francia), Antoine Cristal hizo fortuna en la industria textil y regresó para instalarse en su región natal, famosa por sus vinos blancos porque las uvas rojas maduraban mal (esto era antes del calentamiento global). Republicano y librepensador, Antoine Cristal era amigo de Georges Clémenceau, quien le visitaba regularmente.

Siendo un viticultor principiante, Antoine Cristal se dio cuenta rápidamente de que las cepas y las raíces necesitaban humedad, mientras que las uvas necesitaban sol y calor para madurar. En resumen, la viña tenía que estar con los «pies» al fresco y la «cabeza» al sol. En 1890, adquirió una decena de hectáreas en el municipio de Champigny y las rodeó de muros, de ahí el nombre de Clos Cristal (*clos* en francés es cercado o vallado). Estos muros crearon un microclima especial, más cálido y resguardado del viento. Antoine Cristal hizo construir varios kilómetros de muros perforados con agujeros. Las vides se plantaron al norte, donde la humedad era constante. Crece a lo largo del muro y, a mitad de camino, lo atraviesa por uno de los agujeros. Los sarmientos, el follaje y los racimos crecen orientados al sur.

Las viñas aprovechan el reflejo del sol durante el día, ya que los rayos de luz rebotan en las paredes y alimentan el dorso de las hojas, favoreciendo la fotosíntesis, el metabolismo de la planta y el aporte de compuestos minerales a las uvas. El calor almacenado durante el día se redistribuye por la noche, protegiendo las frágiles hojas jóvenes de las heladas primaverales. Como resultado, las vides tienen más tiempo para madurar al final de la temporada, ganando casi un mes. El Clos Cristal se convirtió en un lugar experimental para que la uva *cabernet franc* pudiera crecer.

Con su Clos de Saumur-Champigny, Antoine Cristal soñaba con competir con los grandes vinos tintos. Legada en 1928 a los Hospices de Saumur, esta finca clasificada como monumento histórico acaba de ser adquirida por la bodega Robert et Marcel (Alliance Loire). Según el nuevo equipo directivo, los vinos Antoine Cristal recorrieron el mundo, desde las grandes cortes de Europa hasta Japón y Rusia, sin olvidar los mejores restaurantes de Francia. Se dice que le encantaban al rey Eduardo VII de Inglaterra, al igual que a Claude Monet.

En 2017, quedaban algo menos de 5 hectáreas en producción. El viñedo no estaba en muy buenas condiciones y hubo que replantar viñas. El objetivo era cultivarlas de tal manera que produjeran 30 hectolitros por hectárea, un rendimiento pequeño para la denominación Saumur-Champigny. De ahí que la producción actual no supere las 5000 botellas, todas ellas numeradas. Philippe Faure-Brac, Mejor Sumiller del Mundo en 1992, define su vino así «De capa preciosa. Nariz fina y delicada, con notas de cereza roja y endrina. Un agradable toque amaderado que revela aromas de vainilla, canela y especias dulces. Taninos finos e integrados.»

Los edificios de Clos Cristal recuerdan a los muros construidos en Montreuil (Isla de Francia) para facilitar la maduración de los melocotoneros, los «muros de melocotones», que hicieron famosa a esta localidad de las afueras de París (ver la guía *Grand Paris insolite et secret* de la misma editorial).

Charbonnay

Una viña que crece en un escorial del norte de Francia

El norte de Francia tiene numerosos escoriales, colinas artificiales, generalmente cónicas, donde se amontonaban las escorias de las explotaciones mineras hasta 1990. Con el cierre de Charbonnages de France, estas escombreras de fuerte pendiente pasaron a manos de los municipios y departamentos. En 2016, una «cadena» de 78 escoriales fue declarada patrimonio nacional.

Ahora, casi totalmente dejados en manos de las malas hierbas o comidos por las cabras que conservan su emblemática negrura, los escoriales son islas de infertilidad, imposibles de trabajar con tractor porque sus pendientes son demasiado pronunciadas.

Sin embargo, en 2009, Olivier Pucek, hijo nativo que nació a los pies del imponente escorial de Haillicourt (Pas-de-Calais) y descendiente de mineros, propuso al ayuntamiento de donde se encuentra el escorial de su infancia plantar un viñedo. La idea les pareció extraña, incluso descabellada, sobre todo porque el cultivo de la vid no estaba autorizado por las autoridades en este «departamento no vitivinícola», salvo «a título experimental»

Olivier Pucek, que ya tenía 3 hectáreas de viñedo en Charentes, se asoció entonces con Henri Jammet, viticultor de los Charentes famoso por su *chardonnay*. Su vino se llamaría charbonnay, en clara referencia al carbón que enriqueció la región en el pasado. «El alcalde y su equipo nos dieron la bienvenida y aceptaron invertir con nosotros. El departamento se ha convertido incluso en propietario de este terreno cuya pendiente es de 60 a 70 %, a veces 80 %».

A pesar de los obstáculos, los dos viticultores supieron ver las ventajas: el suelo pobre y drenante se adapta perfectamente a la viña, el color oscuro mantiene el calor y la altitud proporciona una valiosa ventilación para reducir el moho. En 2011, plantaron con valentía 2000 cepas en la ladera sur, y luego otras mil, hasta llegar a las 3000 actuales. Estas laderas empinadas y orientadas al sur también proporcionan la máxima luz solar a cada cepa.

En 2016, Europa obligó por fin a Francia a autorizar el cultivo de viñedos en todas sus regiones.

Hoy la mitad de esta parcela de una hectárea está cultivada. Las uvas se vinifican *in situ* para producir más de 1000 botellas de charbonnay, que ha demostrado ser un gran éxito.

Aunque sigue siendo el primer vino producido en el Paso de Calais y el único elaborado a partir de vides plantadas en un escorial, ha inspirado a otros: algunos agricultores vecinos, que poseen tierras en laderas calcáreas poco favorables para el trigo, las han convertido en viñedos. Y un grupo de viticultores de la región de Hauts-de-France ha lanzado ahora su propia marca, los 130.

© Sylvain Beucler

Vendimias de San Silvestre

Cada 31 de diciembre, los viticultores de Plaimont Producteurs
cierran el año con una fiesta y con vendimias nocturnas abiertas a todos

Viella (Gers, Francia). Más de 500 visitantes, pequeños y grandes, frente a las cepas ardiendo, para entrar en calor. A las 19 h 30 min, agarran podaderas y cestas para la última vendimia del año, durante media hora, alumbrados por velas, antes de acudir a sus respectivas cenas de Nochevieja. Los miembros de la cooperativa Plaimont Productores están orgullosos de su oficio y de iniciar las fiestas de Año Nuevo.

El Pacherenc de San Silvestre nació en 1991 cuando unos viticultores, sorprendidos por una helada memorable, decidieron guardar las uvas hasta el 31 de diciembre.

Secada por el viento, sometida al sol de otoño y al frío nocturno, la uva aumenta su concentración en azúcar y, por tanto, no se congela. Su piel se espesa a medida que va madurando, lo que permite una larga conservación en la cepa. En otras denominaciones, esta pasificación se realiza en una granja o en un hangar, con los racimos sujetos a alambres.

Las viñas de la denominación Pacherenc du Vic-Bilh cubren 250 hectáreas entre Gers, los Pirineos Atlánticos y los Altos Pirineos. Petit y gros manseng, las cepas son locales. De octubre a diciembre, los viticultores cosechan, unas cuatro o cinco veces, las uvas maduras para obtener diferentes vinos, y el mosto se vinifica en dulce según las «selecciones». La uva de octubre da aromas a frutas frescas, a cítricos, a pomelo; la de noviembre (hacia San Alberto) evoca las frutas confitadas, las especias; la de diciembre recuerda los frutos secos – almendras, nueces, miel… Gracias a la acidez de las cepas y al frescor del clima, el vino permanece equilibrado, no demasiado dulce. Es un vino dulce lleno de aromas y de historias.

En su versión inicial, la vendimia era aún más tardía y se llevaba a cabo el 31 de diciembre después de medianoche. La cooperativa Plaimont instalaba una tienda para recibir a los que venían después de la cena: una fórmula costosa en alquiler de espacios y en seguros, pesada para los voluntarios. Hoy, la vendimia empieza al caer la noche y los niños pueden participar. Ya no es la primera vendimia del año, sino la última. La fiesta empieza por la mañana con un tentempié en las viñas que serán vendimiadas la misma noche. Las demostraciones de caballos de tiro evocan el trabajo de antaño, mientras que los viticultores cuentan su oficio y enseñan las filas tapadas con una red que las protege del apetito de los pájaros.

Se prueba la uva sobremadurada para valorar su contenido en azúcar. El pueblo resuena con las orquestas ambulantes, los juegos de bolos y tejos gascones mientras las calesas de caballos pasean a los visitantes. El injertador de viñas, el tornero de la madera, la hilandera de lana, el afilador, el desgranador de mazorcas de maíz muestran sus gestos de antaño a las nuevas generaciones. Sin olvidar la cata de las distintas «selecciones» del Pacherenc y de otros vinos.

Vendimias nocturnas en Grémillet

Una velada en los viñedos, «¡porque el trabajo también es placer!»

«Todo empezó una noche de septiembre» cuenta Anne Grémillet, hija del fundador: «Teníamos una discoteca con un enorme foco apuntando a las viñas. Iluminaba tan bien que pensamos que podríamos vendimiar incluso de noche». Anne y su hermano Jean-Christophe, el maestro bodeguero, crearon una *cuvée* especial en vidrio negro, certificada por un agente judicial, y cada año, un sábado en época de vendimia, organizan una velada de fiesta para recordar que el trabajo también es diversión.

Amigos y clientes se juntan con los vendimiadores asalariados y con los temporeros, principalmente polacos. Esta fiesta de la vendimia fomenta la transparencia y la conexión con el público, tan necesarias para las actividades agrícolas.

El sábado en cuestión –dentro de los casi diez días que dura la vendimia– la familia Grémillet invita al público a llegar a última hora de la tarde para visitar la bodega, las cavas, la sala de cata, la vinoteca y el museo de herramientas antiguas. Como aperitivo, se sirven tres añadas de champán y luego una cena con los vendimiadores: una comida contundente con sopa de verduras, paté y crudités, *bourguignon* de ternera, queso y helado. Y es que Borgoña está al lado: estamos en la Côte des Bar, al sur de la denominación *champagne*. El amplio comedor familiar da de comer a un centenar de personas desde las 6 de la mañana hasta las 11 de la noche.

Una vez terminada la cena, todos se dirigen alegremente a las puertas del Clos Rocher. Potentes focos y lámparas individuales ayudan a los vendimiadores nocturnos y a los temporeros experimentados a llenar los cubos con racimos de *pinot noir*, en un ambiente internacional. La vendimia festiva brinda la oportunidad de dialogar, como en Plaimont el 31 de diciembre (ver pàg. xxx). Durante la comida, no hay temas tabúes: se habla de la dificultad de encontrar personal, de los pesticidas y del cambio climático. El responsable de los viñedos habla de las uvas asadas destruidas por la canícula y destaca que la época de vendimia se adelanta: «Llevo 35 años trabajando en los viñedos y ya he visto varias vendimias en agosto. Algo está pasando. Lo bueno es que no hay oídio y no hay que fumigar». Gracias a ello, la finca ha recibido la certificación pública francesa HVE (Alto Valor Medioambiental). La finca, creada en 1978, produce ahora 500 000 botellas al año procedentes de 50 hectáreas. A medida que se van haciendo catas, la familia estima, con total honestidad enológica, que las diferencias con la cosecha diurna no son significativas, pero siguen haciendo esta fiesta de la vendimia desde hace unos quince años «porque las fiestas unen a los equipos».

DENMARK

North
Sea

Baltic
Sea

POLAND

NETHERLANDS

Kiel

Rostock

Lübeck

Bremerhaven

Hamburg

Schwerin

Bremen

Elbe

Oder

■ Berlin

Osnabrück

Weser

Hannover

Potsdam

Magdeburg

Dortmund

Göttingen

GERMANY

Halle

Leipzig

Görlitz

Düsseldorf

Kassel

Erfurt

Dresden

Köln

Aachen

Bonn

BELG.

Koblenz

Frankfurt-
am-Main

Main

Bamberg

CZECH
REP.

LUX.

Mainz

Trier

Würzburg

Rhein (Rhine)

Mannheim

Nürnberg

Sarrebruck

○ Rhodt-unter-Rietberg

Regensburg

Stuttgart

Donau (Danube)

Passau

Inn

FRANCE

Ulm

Augsburg

Munich

Freiburg-
Briesgau

Ravensburg

N

AUSTRIA

SWITZERLAND

LIECH.

100 km

El viñedo más antiguo del mundo

Un viñedo de cuatrocientos años que ha escapado a todas las guerras

En Renania-Palatinado, una región donde el cultivo de la vid se remonta a la época romana, a unos veinte kilómetros de la frontera con Francia, el pueblo de Rhodt-unter-Rietberg es famoso por la villa Ludwigshöhe, que Luis I de Baviera mandó construir. Mucho más modesto, hay un viñedo histórico, que apenas se ve desde la carretera, del que se dice es el más antiguo del mundo en el que se sigue vendimiando.

Una placa conmemorativa certifica su edad: más de 400 años. Pascal Oberhofer, el joven viticultor encargado de la parcela, remite a los «viejos libros de la iglesia» que indican la edad de estas cepas bajas, gruesas y nudosas. Según la tradición local, estas 250 cepas de *gewurztraminer* y de *sylvaner* se plantaron antes de la guerra de los Treinta Años (1618-1648).

Pascal Oberhofer gestiona las 25 hectáreas en su finca familiar, preservando cuidadosamente este viñedo ancestral que sigue produciendo una uva blanca, vinificada en seco y comercializada en una botella de 37,5 centilitros, dentro de un espectacular estuche de madera y cartón.

Este viñedo histórico es una de las curiosidades de la ruta del vino del sur.

También hay una decena de uvas tintas que crecen aquí y allí, pero no se vinifican. El nombre de este viñedo histórico, Rhodter Rosengarten, viene de la rosaleda (*rosengarten* en alemán) que hay en él.

© Pierrick Bourgault

Finca Friedrich Becker

Un vino alemán «censurado», elaborado con cepas francesas

Cuando Friedrich Becker, viticultor de Schweigen-Rechtenbach (Alemania), lleva a los visitantes a recorrer su finca, siempre se detiene en medio de las viñas. ¿Qué tienen de extraordinario estas viñas, estas hileras casi idénticas, que el viento acaricia suavemente? Nada. Hoy, todo es paz. La frontera, que fue escenario de tantos combates sangrientos, emboscadas y disparos de ametralladoras, pasa anónimamente a través de las viñas.

Este territorio fue una región codiciada durante mucho tiempo: «Los romanos reconocieron la excepcional luz solar del Palatinado y trajeron aquí olivos y almendros. El bosque nos protege de las heladas», explica Friedrich Becker. «Para mantener sanos los edificios, los antiguos plantaban vides para bombear el agua de los cimientos»

Una frontera incierta, ya que el armisticio de 1918 y los tratados francoalemanes sobre el trazado tropezaron con un detalle: este precioso bosque, donado en el siglo VIII por Pipino el Breve a la abadía de Wissembourg, había obtenido de Otón II una exención fiscal, la inmunitas (de ahí el nombre de Mundat).

El bosque, dividido tras la derrota de Napoleón I, siempre fue la manzana de la discordia entre Francia y Alemania. En 1983, el canciller Kohl y el presidente Mitterrand firmaron finalmente un acuerdo: Mundat sería alemán, pero de propiedad francesa. Lo único que quedaba por hacer era encontrar los 900 mojones que se colocaron a lo largo de 100 kilómetros después de la Primera Guerra Mundial, lo que supuso una buena decena de años de investigación antes de la firma definitiva de la frontera en 1998.

Orientada al sur y situada en Francia, la colina de Wissembourg siempre ha interesado a los viticultores. Muchos alemanes alquilan o compran estos viñedos para vinificar las uvas en su bodega situada a dos kilómetros en el lado alemán.

El 60 % de las 30 hectáreas de la finca Friedrich Becker están situadas en Francia. Cierto es que a las vides no les importan las fronteras, pero no puede decirse lo mismo de las denominaciones con estrictos límites territoriales: «Nuestra preocupación no es Francia, sino la administración alemana, por las etiquetas. No se nos permite indicar el lugar donde cultivamos nuestro vino.»

Por eso Friedrich Becker pone *Zensiert* (censurado) en las etiquetas de sus botellas, extremadamente raras, pero famosas en Alemania.

© Pierrick Bourgault

DENMARK

North
Sea

Baltic
Sea

Kiel

Rostock

Lübeck

Bremerhaven

Hamburg

Schwerin

POLAND

NETHERLANDS

Bremen

Elbe

Oder

Osnabrück

Weser

Hannover

Berlin

Potsdam

Magdeburg

Dortmund

Göttingen

Halle

Leipzig

Görlitz

Düsseldorf

Kassel

GERMANY

Köln

Erfurt

Dresden

Aachen

Bonn

BELG.

Koblenz

Bremm

Frankfurt-
am-Main

Main

Bamberg

CZECH
REP.

LUX.

Trier

Mainz

Würzburg

Nürnberg

Sarrebruck

Mannheim

Rhein (Rhine)

Regensburg

Stuttgart

Donau (Danube)

Passau

FRANCE

Ulm

Augsburg

Inn

Munich

Freiburg-
Briesgau

Ravensburg

N

SWITZERLAND

LIECH.

AUSTRIA

100 km

Viñedos heroicos

A orillas del Mosela encontramos terrenos escarpados de hasta el 65 %,
a los que solo se accede andando o en tren monorraíl en miniatura

A orillas del Mosela, las pendientes de los viñedos -de hasta el 65 %- figuran entre las más pronunciadas del mundo.

En Bremm, a orillas del Mosela, Angelina Franzen y su marido Kilian trabajan unas diez hectáreas exclusivamente a mano.

Cada movimiento está calculado: «Cuando el vendimiador se apoya sobre las cepas para caminar entre las viñas, corre el riesgo de hacer caer las uvas maduras. Por eso siempre empezamos por la salida: recolecta la cepa que tiene más cerca y sigue adelante».

El trabajo dura diez veces más que en las llanuras: «Cada hectárea requiere de 1200 a 2000 horas de trabajo al año, frente a las 200 de las llanuras, y hay que reforzar los muros cada tres o cuatro años porque la montaña se mueve. Así que tenemos cuatro empleados todo el año y cinco refuerzos para la vendimia: polacos y rumanos». Una mano de obra inmensa para solo diez hectáreas.

Angelina sonríe: «¡Mira cómo tengo los zapatos!» Más que hablar de la mano de obra, deberíamos hablar de los pies de los trabajadores que están sometidos a una dura prueba en este terreno de vertiginosas pendientes. Otra consecuencia de estos costes de explotación es que muchas parcelas han quedado abandonadas y el viñedo se ha reducido a la mitad en el último siglo. «Estos son los viñedos más baratos de Alemania: 50 000 euros por hectárea, mientras que las llanuras valen diez veces más». Hoy solo quedan una decena de viticultores en la zona. Por supuesto, tienen un tractor para llegar a las parcelas, pero la mecanización se detiene al borde de la carretera: no hay máquinas para cultivar ni vendimiar. Los tratamientos se realizan con un helicóptero compartido, entre los triángulos amarillos que delimitan las fincas, con un triángulo rojo que indica las zonas que hay que evitar.

Los viticultores más ricos han instalado un ferrocarril en sus viñedos: los Franzen poseen dos de esas «locomotoras» en miniatura para acceder a las viñas y traer las cajas con la vendimia.

© Pierrick Bourgault

© MaxAdams

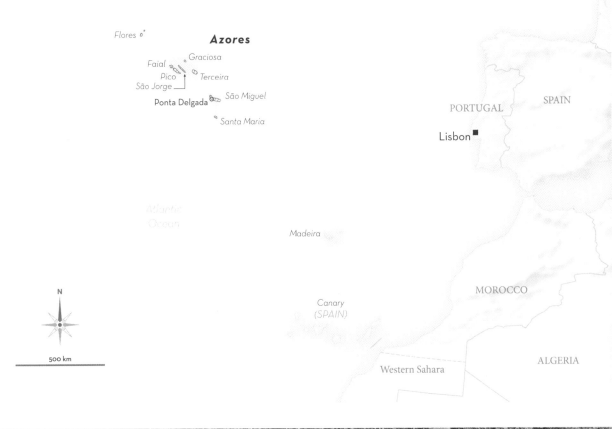

Las viñas amuralladas de las Azores

Un suelo volcánico para viñas inscritas en el Patrimonio Mundial de la Unesco

Aunque hoy las Azores son más famosas por su anticiclón que por su vino, este archipiélago portugués situado en el Atlántico, a 1500 km de Europa, ha sabido valorizar su territorio poco cultivable (por volcánico y montañoso) plantando viñas. Para protegerlas del viento y de las salpicaduras del mar, los azorianos han cavado agujeros en los ríos de lava y han construido, hasta donde alcanza la vista, muros de basalto oscuro. Denominadas currais o curraletas, estas minúsculas parcelas, más o menos irregulares, que rodean una decena de cepas, dibujan un paisaje extraordinario inscrito en el Patrimonio Mundial de la Unesco.

Se han previsto incluso subvenciones para darles mantenimiento ya que es costoso en mano de obra. La piedra negra también tiene como rol almacenar el calor durante el día y soltarlo durante la noche, creando así un microclima original.

En este particular terruño, la uva engorda, madura rápidamente y se seca en la cepa. No es necesario atarlas con alambres ni pasificarlas en secaderos para obtener vino de paja. Antes de que la uva se seque, los viticultores cosechan los racimos y los prensan para obtener jugos muy azucarados que se convierten en vinos licorosos.

Estos vinos exportados fueron largo tiempo la fortuna de la isla: las mejores mesas de Europa, hasta los zares de Rusia, apreciaban el *verdelho* de la isla de Pico.

Hacia 1850, el oídio ataca las Azores. Esta enfermedad fúngica llegada de América del Norte es causada por un hongo microscópico blanco: las viñas se marchitan y tras el desastre económico, la emigración reaparece. Sin embargo existen soluciones químicas o biológicas: la pulverización de azufre, creada en Languedoc en 1856 por Henri Marès, o la adopción de viñas norteamericanas, resistentes a este enemigo que conocen bien. La cepa tinta isabelle se plantó en las Azores, antes de que el oídio estuviera controlado.

Un suelo volcánico para viñas inscritas en el Patrimonio Mundial de la Unesco. Las viñas amuralladas de las Azores terruños excepcionales.

Hoy, la isla de Terceira produce un licoroso llamado Biscoitos, porque los agujeros cavados en la lava para la viña parecen galletas.

Las cepas locales se llaman *verdelho* de las Azores y terrantez. El Lajido es un vino blanco licoroso de Pico. La cepa híbrida noah, largo tiempo prohibida en Francia, se vinifica para el consumo local.

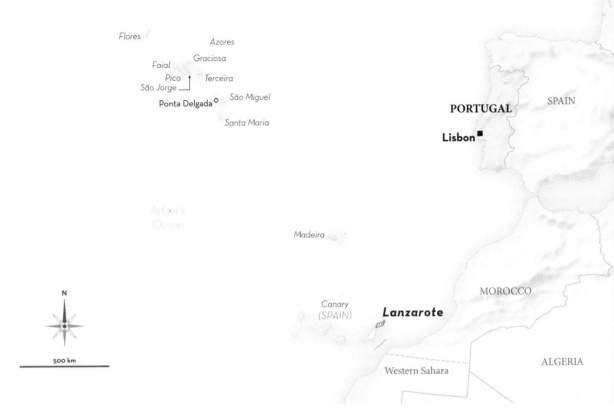

Flores
Azores
Graciosa
Faial
Pico
São Jorge
Terceira
São Miguel
Ponta Delgada
Santa Maria

Atlantic
Ocean

PORTUGAL
SPAIN

Lisbon

Madeira

N

500 km

Canary
(SPAIN)
Lanzarote

MOROCCO

Western Sahara
ALGERIA

Vinos de Lanzarote

En un paisaje de cráteres oscuros, sin agua, la viña sobrevive

La isla de Lanzarote, en las islas Canarias, situada frente a la costa africana del Sáhara occidental, reúne las peores condiciones para la agricultura: menos de 200 milímetros de precipitaciones al año y una tierra muy poco fértil, parcialmente cubierta de ceniza y fragmentos de roca volcánica negra expulsados por el Timanfaya, volcán que domina el oeste de la isla, cuando entró en erupción en 1730. Los fuertes y cálidos vientos del Sáhara también secan cualquier intento de cultivo.

A pesar de estas condiciones adversas, algunos viticultores han intentado lo imposible por adaptarse al terreno autóctono. Al sur de Arrecife, la capital de la isla, los viñedos de La Geria se caracterizan por tener hoyos de varios metros de ancho y zanjas que se hunden en la tierra cubierta por un manto de ceniza.

Los agricultores han plantado aquí vides cuyas raíces se internan profundamente en el subsuelo. La capa volcánica estéril reduce la evaporación y retiene las escasas lluvias y la humedad nocturna, que luego las viñas absorben.

Pequeños muros de piedra volcánica construidos en forma de medialuna protegen cada vid de los vientos secos. En un paisaje oscuro, las viñas con sus hojas de un verde intenso son el único signo de vida vegetal en este espectacular entorno.

Otra característica única es que el insecto conocido como filoxera (*Daktulosphaira vitifoliae*), que causa estragos en las raíces en otras latitudes, odia los suelos volcánicos. Mientras las viñas del continente europeo y del resto del mundo sucumbían a su proliferación, las de Lanzarote seguían produciendo tranquilamente sus uvas. El Museo de la Cultura del Vino de El Grifo cuenta la historia de esta aventura humana y expone herramientas antiguas, aunque el trabajo y la vendimia se siguen realizando de manera artesanal. Las cosechas locales de malvasía, moscatel, vijariego y listán negro, que se pueden degustar en las numerosas bodegas de la ruta del vino mientras se admira el paisaje, son totalmente únicas.

Vinos de Pompeya

Dos milenios después del drama, la viña revive en Pompeya
y revela métodos antiguos

El 24 de agosto del año 79 d. C., el Vesubio ruge y escupe fuego. Sus cenizas petrifican la deliciosa ciudad comercial y el viñedo que producía un vino apreciado en la corte de Roma. Heredada de los griegos, la tradición vinícola es antigua y los frescos exhumados por los arqueólogos revelan toda la zona de viñedos sobre las laderas del volcán. La planicie del Vesubio garantiza culturas alimentarias porque, según el proverbio romano, «Baco ama las colinas». Las excavaciones sacan a la luz cepas, raíces y postes moldeados en las cenizas. Estos fabulosos vestigios cuentan el antiguo sistema de conducción de la viña: la zona de plantación era de 4 pies romanos al cuadrado, a saber 1,18 x 1,18 m para las viñas cultivadas a mano, más anchas por donde pasaban los animales de tiro – lo que Plinio el Viejo confirma en su *Naturalis historia*.

Siendo la tierra escasa en zona urbana, los propietarios pompeyanos buscan altos rendimientos. Plantadas en filas apretadas en la rica tierra basáltica, las viñas dan una vegetación densa y la sombra proyectada en el suelo limita el crecimiento de las malas hierbas y el trabajo del desbrozo. La viña se beneficia así de toda la reserva mineral e hídrica del suelo. El personal trabaja a la sombra. La altura de la pérgola protege la uva de los predadores terrestres y la abundancia de hojas la tapan de la vista de los pájaros. Los ingeniosos romanos optimizaban a la vez el rendimiento de la mano de obra y del terreno.

La pérgola no es el único sistema de conducción de la viña utilizada en la Antigüedad. Plinio y el agrónomo Columela citan otros cinco: la «cobertura» con ramas que cubren el suelo, como para el melón; en vaso (albe-rello); el cordón vertical sobre varas; la «cortina», cordón horizontal sujetado por postes, con una rama recta que reemplaza el alambre de las viñas en espaldera; la viña «alberata» que crece cual liana salvaje en un árbol vivo y que se puede ver todavía en Nápoles con la cepa asprinio. Excelentes viticultores, los romanos adaptaban la conducción de la viña a los distintos climas y a los terruños. Estos seis modos de cultivo se muestran en la parcela del museo galorromano de Saint-Romain-en-Gal. Durante el drama de Pompeya, Plinio muere víctima de su curiosidad científica, intoxicado por las emanaciones sulfurosas del Vesubio.

Hoy, en el corazón de la histórica ciudad, la finca Mastroberardino ha plantado una hectárea y media con cepas tintas locales piedirosso, aglianico y sciascinoso, cercanas a las antiguas descritas por Plinio y dibujadas en los frescos. Las únicas concesiones hechas en nuestra época: se injertan las vides en cepas norteamericanas por miedo a la filoxera. Mastroberardino dejó de vendimiar los viñedos de Pompeya en 2021, pero sigue vendiendo sus *Villa dei Misteri* de añadas anteriores. El cultivo en pérgola ha sido parcialmente reemplazado por la viña en cordón, en espaldera o en *alberello* (en vaso) para que la uva madure mejor. La vinificación se realiza según los métodos actuales: «Si no ¡sería muy áspero de beber!», exclama sonriente el enólogo. Esta operación tiene un doble objetivo: conocer mejor las técnicas anteriores a la filoxera e informar sobre la dimensión histórica del vino en Campania.

La botella de tinto *Villa dei misteri* (Villa de los misterios) se vende a unos 100 €. Este experimento recuerda que la parcela de viña es un campo de investigaciones culturales y el vino, un patrimonio.

© Pierrick Bourgault

Vinos de la laguna de Venecia

Un terruño salino al borde del mar

Antes de instalarse en Venecia, Michel Thoulouze creó varias cadenas de televisión como Planète, Canal Jimmy, CinéCinéma y Seasons. ¿Cómo se convirtió este productor audiovisual en un productor de vino? «Me gusta crear cosas, cambiar el paisaje, empezar de cero. Nunca habría comprado una explotación vitivinícola que ya existiese. Mi hobby se ha convertido en mi profesión».

La isla de Sant'Erasmo pertenece a la comuna de Venecia, pero no se parece a la ciudad frecuentada cada año por 20 millones de turistas. Tras descubrir los jardines abandonados, situados a nivel del mar, Michel Thoulouze consulta a sus amigos viticultores de Borgoña: «Venecia es una excelente idea de marketing, pero el vino tiene que ser bueno…». Sin embargo a la viña no le gusta nada la sal.

Michel Thoulouze se instala siguiendo una intuición. Descubre luego un mapa del siglo XVII que sitúa el viñedo en sus tierras. «El análisis del suelo revela restos de cobre, demostrando así una actividad vitivinícola abandonada desde entonces, porque aquí todo es complicado». Pero no se rinde ante las dificultades, al contrario. Aconsejado por Claude Bourguignon, agrónomo ecológico, decide no arar sino sembrar cebada, rábano chino y sorgo durante cuatro años para preparar el terreno. «Los vecinos nos decían que era una locura plantar las viñas sin labrar la tierra.» Luego, con el enólogo Alain Guillot, de Crozes-Hermitage, escoge «viejas cepas blancas que podrían haber sido plantadas en la época de la República de Venecia: malvasía istriana, vermentino, fiano de Avellino».

© G. Bombieri

Otra decisión original, elije plantarlas francas de pie, es decir, sin injertarlas en una cepa americana resistente a la filoxera: está seguro de que la salinidad del suelo reducirá la agresividad del insecto.

¿Por qué arriesgarse a plantar a pie franco? «Para rescatar el sabor original del vino. El pie franco es raro, produce menos uva, hay cepas grandes y cepas pequeñas, crecen como un patio de adolescentes, no siempre al mismo ritmo.

Al final, el vino es mucho mejor de lo esperado. Tiene poco perfume pero es estructurado. Te bebes la primera copa y te dan ganas de tomarte otra. Mi vino se llama Orto, que significa jardín, huerta».

El embotellado se hace en un camión que accede a la finca en barco; en Venecia, nada es sencillo. Michel Thoulouze circula en un Ape, el scooter italiano de tres plazas que no allana la tierra, y entrega los vinos en su barca. Sus 4,5 hectáreas producen en la actualidad 10 000 botellas, pronto 20 000. El alcalde de Venecia las compra para ofrecerlas como regalo a los huéspedes de la ciudad.

Como dice uno de sus vecinos campesinos: «¡Es la primera vez que uno de nuestros vinos lleva una etiqueta!».

Michel Thoulouze ha sabido ganarse el aprecio de sus vecinos, gracias a su tenacidad y a su sencillez, y también, como él resalta, «porque los italianos tienen una cultura de tradición migratoria».

© G. Bombieri

Il vino della pace: un vino procedente de 600 cepas de los cinco continentes

«Todos los sabores de la tierra en una misma copa»

Situado entre Eslovenia, los Alpes y el Adriático, el Friul italiano es una zona de transición. Las culturas latina, eslava y germánica se mezclan aquí, como lo muestra el mapa de las cepas: la implantación de las cepas *merlot*, *cabernet franc*, *pinot blanc* y *pinot gris* recuerda la epopeya napoleónica y los años de ocupación francesa, y los toneles decorados de la cooperativa Cormons ilustran la pertenencia del Friul oriental a Austria hasta 1919.

Las cepas locales son tan numerosas aquí (*verduzzo, refosco, picolit…*) que resulta difícil para el viticultor elegir cuál plantar. Esta abundancia complica el trabajo de los consejeros que tienen que conocer las cepas de la zona y sus problemas específicos, en particular fitosanitarios, todo ello sin disponer de análisis científicos.

La biodiversidad también puede perjudicar la comercialización del vino: ¿Cómo explicar a un cliente potencial las diferencias gustativas y las características de cada *cuvée*?

Es precisamente sobre las dificultadas ligadas a esta diversidad que los friulanos han fundamentado su fuerza y sus ejes de comunicación. Contrariamente a la tradición italiana de nombrar un vino según su lugar de origen, las etiquetas del Friul indican las cepas. Una de las especialidades de la región de Rauscedo es la multiplicación de distintas variedades de cepas por agricultores viveristas cuya competencia es reconocida a nivel internacional.

Pero la iniciativa más espectacular viene de la cooperativa Cormons. Cada año desde 1983 sus doscientos miembros, así como los invitados internacionales, se reúnen para vendimiar las 3 hectáreas de una parcela-museo donde se han plantado 600 cepas del mundo entero: *syrah, tulilah, shurrebe, pedral, maizy, marzemino, terrano, merlot, gamay, ucelut…* Prensadas y vinificadas juntas, dan un vino blanco llamado vino de la paz (*vino della pace*) que reúne así «todos los sabores de la tierra en una misma copa».

Estas botellas, decoradas con una etiqueta de artista, protegidas en suntuosas cajas de ebanista, se entregan a las embajadas y a los jefes de Estado del mundo entero «como regalo de fraternidad y de buenas relaciones con Italia».

Sinefinis: un vino político

Un vino entre Italia y Eslovenia para recordar que antes de 1947,
cuando se creó Yugoslavia, este territorio era uno solo

El vino conocido como Sinefinis significa «sin fin, sin confines»: queriendo reunir simbólicamente un mismo terruño separado en 1947 (en un lado, Italia y en el otro, Yugoslavia), asocia las cubas de un viticultor esloveno y las de uno italiano.

El territorio fue incluso austriaco hasta 1919, luego italiano hasta 1947 antes de que el telón de acero soviético dividiera la zona vinícola.

Productores de la misma cepa local, llamada *rumena rebul*a o *ribolla gialla* según el lado de la frontera, el esloveno Matjaz Cetric, de la finca vinícola Ferdinand, y el italiano Robert Princic da Giasbana, de Gradis̓ciutta, unieron sus capacidades agronómicas y comerciales, hicieron un Máster en «wine business» y decidieron elaborar el vino Sinefinis: «Esta efervescencia transfronteriza será por supuesto catalogada como vino de mesa, pero explicaremos nuestro proceso en la etiqueta. La acidez de la cepa rebula se adapta bien al vino espumoso».

Aunque la vinificación del vino base se hace en cada explotación vinícola, el afinamiento se lleva a cabo en la tercera empresa que tienen en común. Esta asociación, que parecía improbable, quiere demostrar que se trata de una misma región vitícola dividida en dos: la denominación brda en Eslovenia y collio en Italia. El vino también puede llevar un mensaje político.

La geopolítica también ha dictado las cepas que se eligen, como lo explica Toni Gomiscek, director de la Vinoteka Brda, la colección de vinos más importante de la zona. Cultiva el humor absurdo heredado de los regímenes totalitarios: «En la época austrohúngara, la prioridad era el vino tinto porque estábamos situados al sur del Imperio. Normal, el tinto se planta en el sur. Luego, cuando nos volvimos italianos, nos impusieron las cepas blancas. Lógico: ¡habíamos pasado al norte del país!». La cepa blanca, rebula, se ha quedado.

© Pierrick Bourgault

Viñas con hilo musical

«El hombre que susurraba a las viñas»

Varios viticultores han instalado altavoces en sus viñedos. Entre los más famosos está Giancarlo Cignozzi, de la finca vinícola Paradiso di Frassina (Toscana).

Este ex abogado logró convencer a Bose Corporation de suministrarle suficientes altavoces para sonorizar sus viñedos. Según cambian las estaciones, va cambiando los estilos: música sacra en invierno, barroca y Vivaldi en primavera...

Dos investigadores, Stefano Mancuso, de la Universidad de Florencia, y Andrea Lucchi, de la Universidad de Pisa, están estudiando los efectos de la música en el crecimiento de las viñas y en la presencia de insectos. Los resultados parecen alentadores para favorecer tanto el crecimiento como la resistencia de la viña.

En términos de comunicación, Giancarlo Cignozzi se ha labrado una reputación internacional: «El hombre que susurraba a las viñas» compara poéticamente las cepas a los caracteres de los personajes de las óperas de Mozart: enfrentadas y ensambladas, estas cepas/personajes interpretan su papel en la obra. La música suena permanentemente en las viñas que dan la *cuvée* Il Flauto Magico (La Flauta Mágica). «Un vino austero pero con taninos tiernos y elegantes… ¿Gracias a Amadeus? Yo digo que sí – ¡júzguenlo ustedes mismos!». Una de sus etiquetas representa un racimo cuyas uvas están colocadas a modo de notas musicales en un pentagrama. Otro de sus vinos, 12 Uve, asocia 12 cepas a las 12 notas de la escala cromática.

En Francia, otros viñedos están incursionando en esta técnica. La empresa Génodics cuenta con más de 200 instalaciones en viñedos, explotaciones hortícolas y ganaderías donde se utiliza también la música con fines terapéuticos. El físico Joël Sternheimer observó que la biosíntesis de las proteínas de todo organismo vivo tiene frecuencias y ritmos que él denomina proteoides. Una secuencia sonora podría actuar sobre esta síntesis, favorecer o inhibir un ácido aminado, regular procesos biológicos, reforzar la resistencia natural, tratar enfermedades virales, bacterianas o fúngicas. Según Michel Loriot, presidente de Vignerons indépendants de Champagne, «la música para vegetales que suena en mi viñedo aporta a la uva más resistencia a las enfermedades y le ayuda a desarrollarse». La enfermedad de la madera, la esca, causada por un hongo devastador, también parece estar remitiendo gracias a este tratamiento.

alparadisodifrassina.it

Música en las bodegas

Michel Loriot también utiliza la musicoterapia en sus bodegas: «Los mejores compositores mecen los vinos embotellados: van produciendo su espuma con la Sinfonía Pastoral de Beethoven, durante dos meses. Luego Mozart, Brahms, Vivaldi, Elgar se invitan en las cavas y participan en la magia de la efervescencia. Las vibraciones de las notas penetran en el vino, en sus levaduras y proteínas. Actúan sobre su estructura y le ayudan a desarrollar sus perfumes y aromas durante su envejecimiento».

El viticultor biodinamista, Nicolas Joly, adopta una técnica más depurada: «Más vale tocar una nota con un diapasón en la bodega». Algunos viticultores tocan el violín o el acordeón a sus toneles y el cuerno de caza en las laderas.

champagne-michelloriot.com

El impacto de la música durante la cata

La música también modifica nuestra percepción cerebral e influye en la cata.

Ophelia Deroy, investigadora en el Centre for the Study of the Senses de la Universidad de Londres, relata así una experiencia en la que «los participantes que degustaban los vinos con las voces de Carmina Burana calificaron esos vinos como más potentes que los que los degustaron con otros fragmentos musicales. A la inversa, los vinos fueron considerados como más dinámicos y refrescantes cuando se servían en la sala donde sonaba «Just can't get enough», fresco y dinámico, del grupo Depeche Mode.

Pero cuidado con los abusos: solicitar demasiados sentidos a la vez (gusto, visión, oído…) puede provocar dispersión mental, enemiga de la concentración y de la interioriza-ción necesarias para toda degustación. Al servir un vino mientras se emiten imágenes y sonidos, se corre el riesgo de saturar al destinatario con demasiadas informaciones simultáneas, incluso de imponer estereotipos.

Muchos festivales asocian música y vino. Algunos catadores melómanos recomiendan el fragmento musical que les parece más adecuado para una botella en especial. A menudo se trata de gustos personales, pero la analogía entre las sensaciones auditivas y aquellas provocadas por el contenido de una copa parece, a veces, elocuente. Las «sonoridades aromáticas» de Frédéric Beneix y de Marien Nègre de Wine4Melomanes, Château La Croix du Merle (Saint-Émilion), son significativas.

La finca vinícola pone también música en sus viñedos y bodegas.

Los turbadores vínculos entre la música y la viña

En su jerga, los catadores distinguen notas (amaderadas, especiadas…), hablan de ataque, postgusto y armonía, de gama de vinos. Evalúan el largo en boca o caudalía en cantidad de segundos de persistencia de una sensación – ese silencio después de Mozart, que también es Mozart. La forma de la copa puede compararse a la acústica de la sala de conciertos, ambos espacios pueden amplificar o perturbar la obra del viticultor director de orquesta. Durante milenios, la uva ha sido prensada por pies desnudos o calzados con galochas, al ritmo de los cantos de trabajo que acompañaban las labores de la viña. En Francia, esta costumbre de cantar trabajando desapareció después de la Primera Guerra Mundial. El vino se destinaba a la misa, acompañado de cánticos, y a los banquetes donde resonaban las canciones de taberna. «La partitura está escrita en la tierra», resume Jacques Puisais, enólogo y filósofo, fundador del Instituto Francés del Gusto. Una analogía visual: en las filas de las viñas, los alambres parecen pentagramas a los que se agarran los racimos, cual notas musicales. El vino espumoso es el más parlanchín. Su descorche provoca un estallido que los anfitriones distinguidos evitan porque prefieren el discreto murmullo de las burbujas. El sonido del descorche es el argumento más bello a favor del corcho frente a la cápsula de aluminio.

SWITZERLAND

Milan

SLOVENIA

HUNGARY

CROATIA

Venice

FRANCE

BOSNIA AND
HERZEGOVINA

SERBIA

ITALY

Adriatic
Sea

MONTENEGRO

Kosovo

Rome

NORTH
MACEDONIA

Naples

ALBANIA

GREECE

N

200 km

Mediterranean
Sea

Pantelleria

El alberello de Pantelleria

La primera práctica de "viticultura heroica" distinguida por la Unesco

A finales de noviembre de 2014, los representantes de 161 Estados votan por unanimidad para inscribir el alberello de Pantelleria en el Patrimonio Cultural Inmaterial de la Humanidad. Esta lista de tradiciones locales, fiestas y espectáculos incluye ahora prácticas agrícolas excepcionales.

Más cerca de Túnez (72 km) que de Sicilia (100 km), la isla italiana de Pantelleria (8300 hectáreas) ha sido transformada por sus habitantes, tras siglos de un trabajo tenaz, en un jardín paradisiaco. En este territorio prácticamente incultivable, salpicado de rocas volcánicas, las generaciones han levantado miles de kilómetros de muros que protegen las minúsculas terrazas donde crecen unas cuantas cepas o alcaparras.

La isla parece una antigua ciudad de la que solo quedan las murallas. El reto es colosal: no llueve (apenas 300 mm, casi únicamente en invierno), el viento abrasador (el siroco), cargado de arena, seca y merma la vegetación, perturba la floración y fecundación y agrede las frutas cuando logran crecer.

Bajo este sol africano, no hay ninguna fuente de agua potable, solo fuentes volcánicas azufradas y altamente mineralizadas, termales, imbebibles. Imposible regar. En caso de incendio, solo está el agua de mar, que estropea los cultivos. Además, la isla fue presa de los piratas del Mediterráneo durante siglos. Gracias a la construcción de estas casas mediterráneas llamadas *dammusi*, cuyo tejado abovedado recibe el agua de las lluvias invernales que se conserva valiosamente en cisternas subterráneas, los habitantes han sobrevivido.

Pasificación de la uva en la propiedad vinícola de Carole Bouquet

Secado de la uva, finca De Bartoli

Las murallas permanentemente reparadas y prolongadas sostenían los pequeños jardines. También se construían torres altas de varios metros, llamadas jardines árabes, para proteger del viento cada naranjo, cada limonero. Pantelleria cultiva sus árboles frutales con el mismo mimo que se cría a un animal de concurso: el alto de los muros, en pendiente, dirige la mínima lluvia hacia el interior del jardín.

En Pantelleria, las plantas han perdido la costumbre de beber por sus raíces. Absorben el agua por sus hojas, cuando la diferencia de temperatura entre la noche y el día provoca la condensación de la humedad marítima. Este fenómeno ocurre entre los altos muros de los jardines árabes pero también en cada agujero cavado para alojar cada cepa, podada en *alberello* (en vaso o copa), cuyas ramas serpean por la tierra. Este humilde *alberello*, símbolo de una agricultura tan laboriosa como ingeniosa, es el que ahora forma parte del Patrimonio Cultural Inmaterial de la Humanidad.

Durante siglos, los campesinos cultivaron la viña para exportar uvas pasas. Hoy elaboran el passito de Pantelleria, un vino blanco naturalmente suave, elixir paradójico de una isla tan dura, así como vino blanco seco.

Territorio rústico en los confines de África, Pantelleria se ha convertido hoy en un lugar turístico para las celebridades: Carole Bouquet ha adquirido aquí una finca vinícola y elabora su propio vino, Sangue d'Oro. Gérard Depardieu vivía aquí, a Giorgio Armani, a Sting y a Madonna les encanta pasar aquí temporadas. La clasificación de la Unesco va a reforzar la notoriedad de sus vinos.

Preparación del passito, finca Donnafugata

© Pierrick Bourgault

Viñas de gigantes

Con 15 metros de altura, estas viñas crecen sobre los olmos, a la antigua usanza

La viña es una liana que se eleva naturalmente hacia el sol. Como lo explica Plinio el Viejo (nacido en el año 23, fallecido en Estabia en el año 79) en su *Naturalis historia*, los romanos la hacían trepar sobre los árboles, lo que evitaba plantar macetas a la vez que alejaban la uva de la humedad del suelo y de los depredadores.

Evidentemente, vendimiar en lo alto de los árboles era arriesgado y el obrero negociaba, en caso de caída, ser «quemado y enterrado a expensas del propietario».

En 1600, en su libro *Teatro de agricultura y manejo de campos*, Oliver de Serres describe también las viñas encaramadas a árboles altos: «Estas viñas en alto se han desarrollado en Francia, más bien en Brie, en Champaña, en Borgoña, en Berry y en otras regiones», es decir, más bien al norte del país, ahí donde a veces no hay sol y donde la humedad es significativa.

Hoy, quedan pocas viñas particularmente altas en Italia, Creta y Portugal. Las del famoso *vinho verde* crecían en el borde de los caminos, en los jardines. Entre las filas, separadas por unos 15 metros, los campesinos cultivaban trigo, cáñamo o verduras, una mezcla de especies diferentes llamada complantatio (ver p. 96). Este modo de cultivo antiguo que usa poco espacio de terreno, pero mucha mano de obra, ha desaparecido casi por completo. El *vinho verde* de Portugal procede hoy de viñas en espaldera cuya conducción y cosecha son más fáciles de mecanizar.

En Campania (Italia), algunas fincas vinícolas vinifican todavía viñas centenarias, no injertadas y que han resistido a la filoxera. Estas cepas de la variedad de uva blanca *asprinio* crecen sobre el olmo porque este árbol crece rápido, hacia la luz, y sus pequeñas hojas dejan que la viña aproveche el sol. Otra ventaja ligada a la altura: el viento del mar Mediterráneo, que está muy cerca, seca la humedad y libra a los racimos de las enfermedades fúngicas.

Carlo Numeroso, propietario de la finca vinícola Borboni, tiene cerca de Aversa (Campania) estas viñas de gigantes, de casi 15 metros de alto, que no se podan ni se tratan. Para vendimiar estas espectaculares murallas verdes cargadas de uvas, los obreros se suben a unas escaleras (cada uno la suya, adaptada a su morfología) y llenan unas cestas pequeñas y puntiagudas, llamadas *fescine*, que se hunden en el suelo cuando caen. Un ayudante vacía las cestas que vuelven a subir tiradas por una cuerda, como con las provisiones en Nápoles. «Pero los jóvenes ya no quieren trabajar así», se escucha decir. «Mi vendimiador más joven tiene 60 años», suspira Mario Caputo, otro viticultor.

Cada cepa da una gran cantidad de uva poco madura y que permanece ácida – una característica de la denominación Asprinio di Aversa (*asprinio* significa amargo). Varias fincas valoran esta acidez para elaborar un vino espumoso con el método tradicional (*champenoise*) o en cuba cerrada como un espumoso clásico.

En las antípodas del vino ácido, Carlo Numeroso propone también la paradoja de derivar esta cepa en vino licoroso. Para lograr esta curiosidad, vendimia en octubre, conserva los racimos en seco y los prensa en enero: «He querido recuperar un recuerdo de infancia. Después de la vendimia, mis padres guardaban algunos racimos y nos comíamos las uvas en Navidad. También los prensaban para obtener vino dulce».

CZECH REPUBLIC

GERMANY

SLOVAKIA

AUSTRIA

HUNGARY

SWITZERLAND

SLOVENIA

FRANCE

Milan

Venice

CROATIA

BOSNIA AND
HERZEGOVINA

SERBIA

ITALY

MONTENEGRO

Kosovo

Rome

Naples

Acquaviva
delle Fonti

ALBANIA

GREECE

ALGERIA

TUNISIA

N

200 km

El vino más fuerte del mundo

Nacido bajo el sol del mar Jónico, el superprimitivo se distingue
por su extraordinario porcentaje de alcohol: 19,5 %

El mosto maduro contiene azúcares de los que se alimentan las levaduras (hongos presentes de manera natural en las hojas y en la bodega y que activan la fermentación) liberando alcohol y gas carbónico. Su banquete se acaba cuando ya no queda azúcar que comer o si la alcoholización demasiado elevada indispone a las propias levaduras: 18% de alcohol aproximadamente parece un buen límite para su supervivencia.

Es por ello que los vinos que superan el 18 % se obtienen normalmente añadiendo alcohol destilado durante, o después de, la fermentación: se les llama vinos *mutados*. Cabe observar que no hay límite máximo en la graduación de alcohol (Guido Baldeschi – Jefe de Unidad de Enología, Organización Internacional de la Viña y del Vino).

Sin embargo existen raras excepciones. Al sur de Italia, en Apulia, el sol es generoso y la cepa primitivo (su nombre significa precoz) madura rápido: la vendimia empieza a finales de agosto. Si se tarda, el azúcar se concentra en la uva que alcanza la sobremadurez. Las levaduras se deleitan.

En Apulia, en Acquaviva delle Fonti, cerca de Bari, la familia Chiromonte vende un vino Muro Sant'Angelo a 16,5 % y su reserva a 18 %. La Selezione Chiaromonte muestra con orgullo su graduación de 19 %. Este tipo de graduaciones son frecuentes en esta denominación.

Une parcelle de primitivo de Nicola Chiaromonte

La actividad biológica de las levaduras llega a semejante grado de alcohol porque «hay levaduras autóctonas capaces de transformar el azúcar en estas condiciones extremas». Ciertamente las levaduras no se comen todo el azúcar: de 5 a 10 g residuales permanecen después de la fermentación, lo que redondea los sabores al estilo del Nuevo Mundo. Unos meses después de la vendimia, estos vinos están listos para ser bebidos y desprenden notas de frutos negros, ciruelas maceradas en alcohol, aguardiente de cerezas, higos secos, algarroba, regaliz, tabaco, chocolate, mermeladas… siempre manteniendo la vivacidad y el frescor de su juventud.

Fuertes graduaciones de alcohol: ventajas e inconvenientes

Los jurados de los concursos de vinos tienden a recompensar los vinos expresivos, tanto al olfato como al paladar. Sin embargo el alcohol tiende a realzar el gusto. En su notación, Parker ha favorecido así los vinos con altos grados de alcohol, cuyo estilo ha sido copiado por viticultores del mundo entero.

En Francia también, en los viñedos del Sur (Ródano y Languedoc), los grados son elevados: si ayer el mercado demandaba grandes volúmenes de vino, hoy busca vinos de calidad, en mucha menor cantidad. Los viticultores limitan pues sus rendimientos, practican la vendimia en verde, que consiste en eliminar una parte de los racimos en junio para que los racimos que quedan aprovechen toda la savia de la vid y alcancen una madurez perfecta. Gracias a la meteorología en Internet, localizada y precisa, los viticultores realizan una vendimia más tardía, por lo tanto más madura.

El calentamiento global favorece también este aumento del grado de alcohol.

El límite es fiscal y psicológico. Nicola Chiaromonte, en Apulia, exporta sus vinos a Asia y a Estados Unidos, pero no a Gran Bretaña ni a Suecia, cuyos impuestos sobre el alcohol son muy altos. En el restaurante, a muchos clientes les crea cierta inquietud pedir vino de 14,5 % y prefieren el de 13 %, aunque la diferencia resulte mínima. Es la razón por la que muchos viticultores reducen el grado de alcohol en la etiqueta (la tolerancia legal es de medio grado): un vino de 14 % puede pues indicar 13,5 % en la etiqueta para tranquilizar al cliente.

CZECH REPUBLIC

GERMANY

SLOVAKIA

AUSTRIA

HUNGARY

SWITZERLAND

SLOVENIA

CROATIA

FRANCE

o Milan

Venice

**Vigna
dei Pastelli**

SERBIA

BOSNIA AND
HERZEGOVINA

ITALY

MONTENEGRO

Kosovo

o Rome

o Naples

ALBANIA

GREECE

ALGERIA

TUNISIA

N

200 km

Vigna dei Pastelli

Una explosión de colores a dos pasos de las Langhe

Piercarlo Anfosso tenía un problema: los trabajadores de las cooperativas que venían a ayudarle en los viñedos nunca sabían dónde terminaba su terreno y dónde empezaba el de los vecinos. Decidió pues poner remedio a esa situación comprando un enorme bote de pintura roja y pintando los postes que marcaban los límites de sus tierras.

Estos postes quedaron tan bonitos en medio de su viñedo que Piercarlo decidió pintar, fuera de temporada, todos los demás, cada uno con un color diferente, después de afilar las puntas para darles la forma de unos magníficos lápices de colores.

Así nació la Vigna dei Pastelli (viñedo de los lápices), delimitada por una hilera de lápices de colores gigantes que marcan el comienzo de cada hilera y aportan colores vivos y bonitos a un lugar inundado por el verde de las viñas, con unas vistas impresionantes que, en los días despejados, se extiende hasta el monte Viso.

Su iniciativa gustó tanto que se hizo famoso en la región de Asti, hasta el punto de ofrecer la oportunidad de organizar catas y fiestas en la magnífica colina donde están sus viñedos (se ha llegado a celebrar incluso una boda en este maravilloso entorno).

Por lo demás, la finca está situada justo en la frontera entre las provincias de Asti y de Cuneo, en una zona en la que reinan los viñedos con hileras de cepas dispuestas a lo largo de suaves colinas. Anfosso produce un excelente *barbera*, un increíble *dolcetto* y un *moscato* que ha ganado varios premios en el concurso nacional Premio Douja d'Or d'Asti: el fabuloso Moscato d'Asto docg I Pastelli.

A solo 150 metros de la colina dei Pastelli se encuentra la colorida y pequeña iglesia della Beata Maria Vergine del Carmine (Beata Nuestra Señora del Carmen), construida en el siglo XVIII en plena campiña y repintada en 2017 por el artista británico David Tremlett mediante la técnica del dibujo mural. De hecho, se trata de un espacio dedicado a los artistas, un intento de añadir pinceladas de colores vivos en plena vegetación.

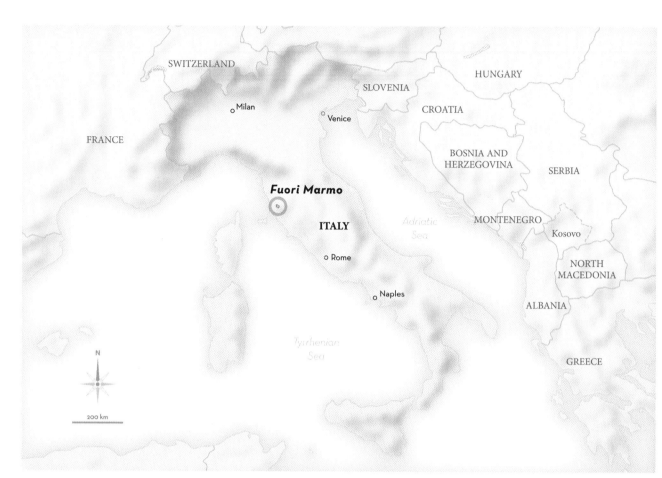

Fuori Marmo

Una cosecha toscana envejecida en tinajas de mármol blanco de Carrara

El mármol blanco de Carrara, en Toscana, es famoso por su calidad estética, y su aspecto translúcido y carnoso muy apreciado por los escultores como Miguel Ángel. Históricamente, la manteca de los cerdos sacrificados en otoño también se conservaba aquí, sumergida en una salmuera de hierbas aromáticas. Unos meses más tarde, al terminar el invierno, este *lardo di colonnata* desenterrado era un alimento preciado, tierno y delicioso que proporcionaba a los trabajadores de la cantera la energía necesaria para cortar y rebajar los bloques de mármol. El vino, por su parte, fermentaba en cubas talladas en piedra local y se almacenaba en bodegas. Por supuesto, al aire libre, la oxidación y la fermentación lo transformaban poco a poco en vinagre; sólo las ánforas con tapón de corcho o los barriles ligeros que usaban los artesanos celtas permitían conservarlo más tiempo.

Aunque conservar el vino en piedra no es nada nuevo (de hecho, es una vuelta a los métodos originales de vinificación), talar tarros de mármol con forma de huevo para madurar el vino es una idea propia que el chef con tres estrellas Michelin Yannick Alleno, sugirió al enólogo Olivier Paul-Morandini de la finca Fuori Mondo, en las colinas de la Maremma, en Toscana.

Así nació Fuori Marmo («fuera del mármol»), el primer vino madurado en tinajas de mármol de Carrara. A partir de un bloque de 34,8 toneladas de mármol blanco de Seravezza, el escultor Paolo Carli tardó cinco meses en dar forma a dos ánforas ovoides de 17,5 hectolitros (1,75 metros cúbicos), de dos toneladas de peso cada una. Olivier Paul-Morandini estudió después las interacciones con el vino. El carbonato cálcico del que se compone el mármol reduce la acidez de vino y es incluso un aditivo autorizado en enología.

Dos años y medio de puesta a punto después, por fin se dio a conocer la cosecha: un cabernet Sauvignon IGT Costa Toscana 2019. La etiqueta de papel blanco grueso imita el relieve de una misteriosa escultura parietal y la botella de 75 centilitros se vende a más de 1000 euros.

Antes de Fuori Marmo, hubo otros intentos de envejecer vino en piedra, en Italia y en la finca austriaca de Waschau: un Steinwerk elaborado a partir de la uva blanca *grüner veltliner*, fermentado y madurado en cubas de mármol y granito de la zona, por unos veinte euros la botella.

Vino de agraz

¿Los racimos que tardan en madurar pueden dar vino?

El agraz, o jugo verde, es un zumo ácido muy utilizado en la cocina medieval. Se obtenía prensando varios vegetales (acedera, frutas salvajes…) y muy a menudo uvas no maduras, en particular esos pequeños racimos aún verdes en otoño que el viticultor llama agraz. Con una fruta no dulce (como la uva sin madurar) que no puede nutrir las levaduras que transforman el azúcar en alcohol, es teóricamente imposible obtener una fermentación alcohólica, ni vino, con el agraz.

Sin embargo, en los viñedos de Apulia, al sur de Italia, el sol es tan intenso que los racimos tardíos de los agraces logran madurar. Aunque la vendimia clásica empieza normalmente en agosto, a finales de octubre una segunda vendimia recupera estos racimos de agraz casi dulces. El viticultor aprecia su acidez para elaborar vinos frescos, en particular los espumosos.

Filippo Cassano, de la finca vinícola Polvanera en Apulia, elabora un vino espumoso rosado llamado Metodo Classico con agraces de sus viñas de cepa primitiva. Usa el mismo método de fermentación en botellas que para el champán y añade 8 gramos de azúcar por litro en el licor de expedición, para endulzar este rosado brut. Uno de sus vecinos, Nicola Chiaromonte, también hace esta segunda vendimia de octubre.

© Pierrick Bourgault

Aunque la presencia de sabores ácidos en la cocina ha disminuido considerablemente desde la Edad Media, perdura en recetas como la cabeza de ternera en vinagreta o en la deliciosa costumbre de todo el sur de Italia de exprimir un limón sobre la carne a la parrilla. Evidentemente, los cocineros de antaño no usaban ingredientes locales y una gran parte de ellos ignoraba incluso la existencia del limón.

Los zumos ácidos también sirven para desglasar un jugo de carne después de la cocción. A veces, la presencia de algunos mohos acidófilos obligaba a los cocineros medievales a salar el agraz para conservarlo mejor y evitar las bacterias. El sabor ácido del agraz no se parece en nada al del vinagre, que se obtiene después de la oxidación del alcohol del vino o de la sidra por la bacteria acética.

Un vino espumoso
que uno mismo puede degollar

El degüelle de un espumoso, realizado por un viticultor esloveno

El método tradicional o *champenoise* (pero esta palabra está prohibida en las etiquetas) para elaborar vinos espumosos consiste en provocar una segunda fermentación del vino dentro de la botella, añadiendo azúcar y levaduras. Obligado a permanecer en la botella cerrada con un sólido tapón, el gas carbónico que desprende la fermentación se disuelve en el vino – de ahí las burbujas.

Sin embargo, después de esta segunda fermentación, un poso de levaduras muertas cae al fondo de la botella, lo que es bastante poco estético para un vino que pretende encarnar la elegancia.

Los viticultores champañeses encontraron una solución: se colocan las botellas al revés, con el cuello hacia abajo, para que las levaduras caigan sobre el tapón. El degüelle consiste en abrir cada botella, expulsando así el poso de levaduras con cada tapón.

Para completar el nivel de la botella, que durante la operación ha perdido un poco de líquido, se añade un poco de vino, a veces dulce (el licor de expedición), y listo.

Si antaño el degüelle manual (sobre la marcha) era una operación espectacular, hoy se realiza en una máquina que congela el cuello de la botella.

En Eslovenia, el viticultor Ales Kristancic, de la finca Movia (Dobrovo), apuesta a que puede confiar esta fase técnica a los sumilleres, incluso a los consumidores entendidos, y vende un vino que necesita ser degollado antes de beberse. «Es el único gesto que podemos deslocalizar y que permite llegar a una mejor explicación de los vinos espumosos», precisa este heredero de un largo linaje de viticultores.

En la antigua Yugoslavia, el propio mariscal Tito apreciaba el vino de esta casa y la salvó de la nacionalización, cuenta Ales Kristancic. Un poco cómico, e igual de iconoclasta que un autodidacta, se pone en escena bajo luces de colores.

«Cuidado, siempre hay que conservar la botella con el tapón boca abajo. Vamos a pegar la nueva etiqueta al revés, para recordar cómo guardar la botella».

¿No será incómodo imponer semejantes imperativos al cliente? «Para nada, a los sumilleres les encanta – ¡se les valora más!». Es un poco como la preparación de los cócteles en mano de camareros. Para ayudarles, Ales Kristancic les da una llave especial o un cubo transparente con, en el fondo, un abrebotellas. Su *cuvée* Puro presenta una segunda originalidad: «Contrariamente al método tradicional, no se añade azúcar ni levaduras para la fermentación en botella: sólo mosto (zumo de uva maduro) con su propio azúcar y sus microorganismos, que usted mismo degüella, cuando abre la botella. De este modo, el vino sigue su evolución con sus levaduras naturales hasta que se bebe y no contiene sulfitos. Tiene una vida infinita.

¡Puro es un espumoso muy especial!». Sin embargo, cuidado: esta botella viva debe conservarse en frío. Si sube la temperatura se corre el riesgo de sobreexcitar las levaduras y de hacer que la botella reviente.

© Pierrick Bourgault

ROMANIA

SERBIA

BULGARIA

KOSOVO

Sofia

Plovdiv

Skopje

NORTH
MACEDONIA

Thessaloniki

Thassos

ALBANIA

Halkidiki
peninsula

Karies

Çanakkale

Lemnos

GREECE

Northern
Sporades

TURKEY

Aegean
Sea

Eubea

Rouvalis

Athens

N

100 km

El rosado griego
de la finca Rouvalis

Un rosado que contradice las reglas de elaboración del rosado
y que mezcla uvas tintas y blancas

¿Cómo se hace el vino rosado? ¿Mezclando blanco y tinto? La pregunta se planteó en 2009 cuando ciertas empresas, especialmente de Australia y de Sudáfrica, decidieron mezclar tinto y blanco para conquistar el mercado del rosado.

Encabezados por la Provenza, los viticultores del viejo mundo se enfurecieron: efectivamente, si el rosado era un blanco con algunas gotas de colorante añadidas, tendría el mismo sabor que los blancos. Sin embargo no es sólo el color lo que hace que un vino sea rosado. El vino blanco es un mosto de uva blanca (o de uva tinta de mosto blanco) prensado desde la vendimia y luego fermentado. El vino tinto, al contrario, se obtiene con una uva tinta que macera y fermenta de una a varias semanas, con los hollejos y las pepitas, antes de ser prensado. Durante la maceración, la piel y las pepitas le dan color, aromas y taninos, y el alcohol se desarrolla extrayendo algunos componentes aromáticos.

La elaboración del rosado es una técnica intermedia: la uva tinta de mosto blanco macera durante unas horas, sin fermentación, y el contacto con los hollejos tiñe ligeramente el mosto. Después del prensado, se pone a fermentar el mosto teñido.

No son pues las mismas moléculas las que se extraen con el agua del mosto (vino rosado) que con el alcohol procedente de la fermentación (vino tinto).

Un sorprendente descubrimiento, en la finca Oenoforos, propiedad de Angelos Rouvalis, vicepresidente de la Greek Wine Federation: un vino rosado que indica, en su ficha técnica, una mezcla que contiene de 75 a 85 % de *syrah* (tinta) y de 25 a 15 % de *viognier* (blanca). «Los aromas de frutos rojos y violeta vienen de la *syrah*; los de manzana, fruta de la pasión y pomelo, de la *viognier*».

El sabor es efectivamente exuberante, entre plátano y caramelo inglés.

Aunque en teoría está prohibido mezclar vino blanco y vino tinto, las uvas de ambos colores se juntan aquí de 4 a 8 horas y luego se prensan. El mosto de ambas uvas fermenta a baja temperatura (12 ºC) durante unos quince días. Así es como los griegos han inventado la versión rosada del Côte-Rôtie, uno de los vinos más prestigiosos de Côtes-du-Rhône, que mezcla también *syrah* y *viognier* para vinificarlas en un poderoso tinto.

La mezcla de uvas blancas y tintas: una práctica muy inusual

Esta mezcla de racimos de uva blanca y de uva tinta es inusual: en Toscana, las reglas del *chianti* toleran la adición de racimos de uva blanca en las cubas para suavizar los tintos, pero el vino obtenido permanece tinto. Los bordeleses añadían antaño uva blanca autóctona por la misma razón, lo que daba el clarete. En Provenza, la denominación Luberon permite mezclar con sus uvas tintas hasta el 20 % de uvas de variedades blancas, como la *vermentino*, antes de la fermentación por supuesto. Esto no se debe al color del rosado, sino a que el *vermentino* es una variedad de uva aromática. En la actualidad, el vino blanco tiene mucha demanda, por lo que se vinifica como blanco y rara vez se mezcla con uvas negras para producir vino tinto o rosado.

El primer vino fue un vino claro

Grecia contribuyó mucho en la expansión de la viticultura enseñándosela a los etruscos, que la transmitieron a los romanos, colonizadores de Europa. Vestigios arqueológicos, textos, dibujos en las cerámicas, todo demuestra que los primeros vinos eran claros. La uva, pisada con los pies, prensada y puesta enseguida a fermentar, sólo puede dar efectivamente un vino blanco o un rosado. El vino tinto apareció después, al dejar macerar los hollejos oscuros con el mosto.

© Pierrick Bourgault

Vinos de ánforas en Georgia

Vinos en ánfora gigante que han conservado los sabores de la Antigüedad

Situada entre Rusia y Turquía, Georgia ha conocido numerosas olas de invasiones a lo largo de los siglos, razón por la que los campesinos de este fértil país de clima templado se han acostumbrado a esconder los vinos, el aceite y los cereales en ánforas enterradas, invisibles. Así, cuando se cava la tierra, a veces se descubren vasijas de cerámica enterradas, bautizadas como *qvevri* («jarra grande»), que contienen un vino anaranjado que se deja beber a pesar de su acidez y de su sabor ligeramente avinagrado.

En la época comunista, la reputación vinícola de Georgia fomentó la construcción de fábricas vitivinícolas cuya producción se exportaba a todo el imperio soviético. Pero campesinos y ciudadanos han seguido vendimiando las viñas en sus jardines y elaborando su vino casero en ánforas de tierra cocida.

La receta es sencilla según lo explica Tamais Natroshvili, viticultor: «Pisamos los racimos, que ponemos a fermentar en las ánforas. Hay que remover los hollejos de las uvas en el mosto con un palo, para que no se sequen. Tras 20 a 25 días, cuando los hollejos descienden al fondo, trasvasamos el vino a otra ánfora. Usamos una cesta de mimbre como filtro. Destilamos los hollejos y los escobajos (las ramitas que sujetan las uvas) para obtener el alcohol denominado *chacha*. Dos semanas más tarde, trasvasamos de nuevo el vino en otra ánfora que sellamos herméticamente. A esto le siguen tres trasvases más: en primavera, en la Transfiguración de Cristo (6 de agosto) y en las nuevas vendimias. Para una buena conservación del vino, las ánforas tienen que estar siempre llenas».

Este método kajetiano (del nombre de la región georgiana de Kajetia) no necesita ni agua corriente ni electricidad ni tonel ni climatización ni prensa; un palo, una cesta y suficientes ánforas bastan para elaborar el vino.

El método imericiano (de la región georgiana de Imericia) da vinos menos rudos porque se separan a mano las uvas de los escobajos que dan un mal sabor al vino.

Aunque la cepa sea tinta o blanca, la vinificación es idéntica. Es también un viaje fascinante en el tiempo para comprender mejor los métodos de la Antigüedad. Hoy, este vino, tan antiguo como rústico, de innegable acidez, alegra a los amantes de los vinos naturales, y los viticultores construyen bodegas con ánforas enterradas.

No obstante, resulta difícil encontrar alfareros que puedan suministrar estos recipientes, capaces de contener de una a tres toneladas de vino. Sin mencionar que las ánforas antiguas son porosas, sucias y se estropean fácilmente, y su restauración es delicada.

¿Dónde encontrar vinos de ánforas en Georgia?

Hay cuatro vinos elaborados en Georgia que se vinifican en ánforas: el Clos des Amandiers, Our Wine, de Soliko Tsaishvili, Zurab Topuridze y Iago Bitarishvili.

triplea.it

Ánforas encontradas en la tierra

Ánforas enterradas a ras de suelo, invisibles

Vinos clandestinos en Irak

En Kurdistán, algunos viticultores se empeñan en cultivar
la viña y vinificar la uva con total discreción

¿Será que, en esta tierra de Mesopotamia que la ha visto nacer, la vinicultura está en vías de extinción? Paradójicamente, no fue el Islam lo que acabó con la industria vinícola en Irak, sino Saddam Hussein, un laico amante del vino al que le gustaba el Mateus, un rosado espumoso portugués hallado en los sótanos de sus palacios: el genocidio que cometió Sadam Hussein en Kurdistán de 1987 a 1991 y el exilio de las poblaciones provocaron el abandono de las viñas.

El terrorismo nacido de las guerras es hoy lo suficientemente amenazador como para forzar a los viticultores a la clandestinidad. Sin duda alguna, la identidad kurda es más federativa que las diferencias religiosas y los grandes partidos laicos. Sin embargo, la discreción es la regla en lo que concierne a las bebidas alcohólicas.

Sin publicidad ni filoxera, las cepas locales y las viñas salvajes se aferran a las colinas. Las cepas bien cuidadas y las parcelas recientemente plantadas con varas de poda sugieren que los viticultores están oponiendo resistencia, una segunda naturaleza de los kurdos. En Kurdistán, las cepas que se venden en el mercado o al borde de las carreteras son negras (*mermek*, *rosh mew*), tintas (*taefi*, *kamali*), amarillas (*zarek*, *hejaze khateni*, *keshmesh*) o tinta y blanca (*helwani*). «Con estas uvas, podemos hacer de todo», explica el vendedor, «¡uva de mesa, uva pasa, mosto, vino, *arak*, vinagre!». La conversación se desliza naturalmente hacia la fermentación. «Aquí, hace 25 años, antes de que Saddam Hussein arrasara los pueblos, elaborábamos vino y *arak*». ¿Y ahora? «¡Lo seguimos haciendo!», exclama un vecino.

En un pueblo cristiano cerca de Amedia, la viña crece con fuerza cerca de la iglesia y forma setos y pérgolas. Una gruesa cepa, de unos treinta centímetros de diámetro, no injertada, alimenta un amplio alero de hojas y racimos. El dueño de este viñedo cuenta la elaboración del *arak*: «Cosecho la uva, la aplasto y la dejo en cubas durante siete días, antes de destilarla para obtener un alcohol de uva de unos 70 °». Al pedirle visitar sus instalaciones, contesta con una sonrisa: «¡Hace años que ya no hacemos!».

En la tienda de ultramarinos de la esquina, un hombre que bebe a sorbos el té con sus amigos vende una botella con tapón metálico reciclado repleta de su vino: «7 € para el bueno, menos para el otro». Este mosto, fermentado semanas antes, es afrutado y ya está oxidado. «Aplasto en una cuba estas uvas de la cepa *mermek*. Tras siete días de fermentación, las embotello. Produzco varios centenares de botellas al año». Recuerda que, cuando era niño, el pueblo vinificaba en vasijas de barro. Tiene un alambique comprado en Bagdad pero no lo enseña. «Está en un pueblo vecino, de todos modos ya no lo usamos mucho...». Él también se define como un cristiano asirio.

El obispo de Dohuk, Monseñor Rabban, ha abierto una escuela laica y gratuita, abierta a chicos y chicas, tanto musulmanes como cristianos. Este distinguido diplomático, respetado por todos, se niega a revelar la procedencia del vino de mesa de su diócesis, sin duda para proteger a sus amigos viticultores. El secreto está igual de bien guardado que el de la confesión.

En las montañas cercanas a la frontera turca, un proveedor de la iglesia acepta testificar sin que su nombre sea citado y sin fotos en las que se le pudiera reconocer.

Su pueblo se encuentra cerca del puerto de montaña nevado donde cientos de miles de kurdos emigraron durante el invierno de 1991; ninguna casa quedó en pie tras el paso los ejércitos de Saddam Hussein, como en casi todo Kurdistán. Hoy, los habitantes construyen con hormigón armado y las viñas vuelven a crecer, sobresalen del cementerio cristiano situado alrededor de la iglesia, forman setos e invaden el pueblo, como testimonio de la intensa actividad vinícola del pasado. La pluviometría es de 800 a 1000 mm, la altitud de 800 m, los días soleados abundan. Este viticultor anónimo cuenta su método para preparar varios cientos de botellas al año en el cuarto de baño familiar: «Cosechar la uva y transportarla en cajas. No lavarla, porque el agua tiene cloro que perjudica la fermentación. Aplastar en una palangana con botas limpias. Dejar fermentar con las levaduras naturales. Meter en una bombona, poner una paja en el tapón para que el gas carbónico salga, sin dejar que entre oxígeno. Dejar que decante, trasvasar con sifón». Obtiene un vino de entre 9 ° y 12 °C. Para su rosado, mezcla uva tinta con uva blanca. Antes de las masacres, su padre y su abuelo vinificaban en vasijas, según la tradición local. Este viticultor aficionado – aunque doctor en petroquímica – destila su *arak* pasándolo cinco veces por el alambique y mediante complejas purificaciones.

Luego añade anís de su jardín. «No existe el vino kurdo – solo kurdos que hacen vino», bromea, «pero sin conocer los procesos químicos».

Kurdistán sigue siendo un tesoro de biodiversidad y cepas prefiloxéricas. Aunque el futuro del vino kurdo parezca incierto, el futuro de la viticultura mundial quizás esté creciendo en este territorio, fabuloso banco de genes: las viñas de la Mesopotamia de la que Nabucodonosor II (604-562 a. C.) fue rey.

© Pierrick Bourgault

Vinos del desierto del Gobi (China)

¿Cómo elaborar vino en un territorio helado en invierno,
tórrido en verano y sin una gota de lluvia?

Nada predisponía al oeste de China, en la frontera con Mongolia, a cultivar la viña. Situado a más de 2500 km de cualquier ribera marítima, este territorio es el más continental del mundo: en invierno, con temperaturas de entre -20 ºC y -30 ºC, las cepas se hielan por completo. Llueve en rarísimas ocasiones.

Estos impedimentos no han logrado desanimar a los chinos: en 1949, cuando Pekín anexiona Turquestán, dos veces y medio más grande que Francia, un antiguo sistema de riego llevaba el agua de las montañas Tian Shan a los oasis de la Ruta de la Seda. Los uigures cultivaban la viña desde hacía siglos para secar las uvas.

Pekín llama entonces a esta región Xinjiang (nueva frontera) y decide desde 1980 plantar miles de hectáreas de cepas occidentales (*cabernet sauvignon, syrah, merlot, chardonnay, chenin blanc, riesling…*) y de variedades locales (*beichun, cibayi, shabulawe…*): al este de China, en las provincias como Shandong, las tierras eran caras y estaban contaminadas por las zonas industriales, las carreteras y las urbanizaciones, y eran por lo tanto inadecuadas para el cultivo de la viña.

Para que la viña pueda crecer en el antiguo desierto, se anegan los surcos situados entre las filas de viñas de seis a diez veces al año. «Aquí no llueve, por lo tanto, ¡no hay enfermedades ni tratamientos ni cobre ni azufre!», asegura Grégory Michel que se encarga de los cultivos biológicos en una parte del viñedo Loulan. Con una superficie cercana a la de los viñedos europeos, esta finca de 90 hectáreas produce una sorprendente cepa local *rou ding xiang*, con aroma a moscatel, que da un vino suave natural, apreciado por los japoneses.

Envasadas como perfumes valiosos, sus botellas de alta gama se venden a 150 € la pieza.

◀ Llanura después del aporcado

Citic Guo'An wineries

Pero ¿cómo proteger las cepas de las heladas? En las noches de invierno, los horticultores de Xinjiang tapan sus invernaderos de verduras con gruesas colchas y, en algunas zonas, es suficiente con envolver la viña en mantas. En el desierto del Gobi, en cuanto termina la vendimia que se realiza en septiembre, los campesinos y emigrantes se apresuran a podar la viña, doblar las raíces y meterlas en los surcos que tapan con tierra protectora. A finales de octubre, el aporcado ha borrado del paisaje todas las cepas. En decenas de miles de hectáreas, no queda más que una llanura erizada de postes desnudos.

En primavera, la abundante mano de obra viene a desterrar las cepas, las fijan de nuevo y se reinicia el ciclo vegetativo – siempre bajo la amenaza de las heladas tardías.

En sus 10 000 hectáreas, Citic Guo'An Wineries elabora un rosado procedente de la cepa *syrah*, el Suntime Yili River. Paradójicamente, este vino chino no se vende en China porque, como lo confirma Yiran Liu, directora de la Maison du Languedoc-Roussillon en Shanghai, «El mercado chino no está preparado para el rosado. Los hombres no lo beben porque consideran que es una bebida para mujeres». Citic Guo'An ha creado también un «Sushi time» a base de *riesling*, para los restaurantes de especialidades japonesas, que también se exporta.

© Pierrick Bourgault

Shanghai

Hangzhou

*East China
Sea*

CHINA

JAPAN

Okinawa

Fuzhou

Matsu

Senkaku

■ **Taipei**

Wuchiu Yü

Miyako

Xiamen

Yonaguni

Ishigaki

*Quemoy
(Kinmen)*

*Taiwan
Strait*

Taichung

Iriomote

Hualien

Shantou

TAIWAN

Penghu

Tropic of Cancer

Hong Kong

Taitung

Kaohsiung

Lü Tao

Lan Yü

Bashi Channel

*Luzon
Strait*

Itbayat

Batan

Balintang Channel

*Pacific
Ocean*

Calayan

Babuyan

Camiguin

*South China
Sea*

PHILIPPINES

*Philippine
Sea*

N

200 km

Manila

Las dobles vendimias de Taiwán

En esta isla tropical, es posible tener tres cosechas al año con rendimientos únicos en el mundo

«¡Aquí, todas las épocas son buenas para hacer crecer la uva!», exclama sonriente Chen Ching Fung. «¡En Francia, sólo tienen una!». Este jefe de un mini parque de atracciones turísticas inspirado en el mundo vinícola, la Railway Valley Winery, relata el año de la viña: «Tallamos en febrero-marzo, la viña brota (las hojas aparecen). Vendimiamos a principios de julio. Enseguida sale un nuevo tallo, no dejamos ninguna hoja verde en la cepa. Arranca un segundo ciclo vegetativo, que una segunda vendimia concluye en noviembre o diciembre». Para tener tres ciclos anuales – pero esta práctica concierne sobre todo a la uva de mesa – la viña se cultivará en invernadero, incluso será iluminada por la noche, a veces agredida mediante un riego con agua salada que estimula la fructificación. El único inconveniente del clima, «los tifones, más peligrosos que los insectos o las enfermedades» según Hong Ji Bei, viticultor en Tai Chung, en el centro oeste de la isla, en la finca Shu Sheug. La viña no se cultiva en espaldera sino en pérgola, más resistente a los ciclones.

En Taiwán, las parcelas de viñas se alternan con los arrozales inundados y las fábricas de alta tecnología. En esta isla, cuatro veces más grande que Córcega y con una densidad de población cien veces superior, producir es una obsesión.

A unos 500 000 €/ha, el terreno debe rentabilizarse al máximo y los viticultores fertilizan demasiado: Chang Shu-Gen, dueño de la finca Song-He en Tai Chung realiza tres fumigaciones: «potasio y nitrógeno en la época de la poda y a mitad de la maduración de los racimos. Fósforo antes de la vendimia para endurecer la piel de la uva, limitar el moho y la invasión de insectos; excrementos de animales, polvo de algas y ostras». Entre las filas, los viticultores cultivan incluso coles. No queda ni un metro cuadrado vacío.

Chen Ching Fung anuncia 700 q/ha (¡7 kg de uva por metro cuadrado!) y afirma que algunos viticultores superan el doble, es decir, diez veces más que en Europa. Los rendimientos son tan elevados que, incluso en su clima tropical, tienen que añadir azúcar en polvo después de la fermentación. «Porque a los clientes les gusta el vino dulce», justifica el vinicultor, que escoge levaduras japonesas «para producir vino con sabor a oxidación e hidromiel». Evidentemente, Chen Ching Fung exporta a Japón, el antiguo país colonizador. Todos cuidan especialmente el etiquetado y el embalaje: vidrio grabado, aniversarios y demás personalizaciones para las bodas, el nacimiento de un hijo, grupos de amigos o de militares… Al igual que en China, la botella de vino es un regalo.

La isla también valora sus frutas demasiado maduras destilándolas, después de la fermentación, en vinos de frutas. Por supuesto, los taiwaneses, curiosos, viajeros y con un alto nivel de vida, conocen la diferencia entre estos alcoholes y la noción occidental de vino elaborado con uvas fermentadas. Los mejores vinos europeos se venden en una variedad de comercios.

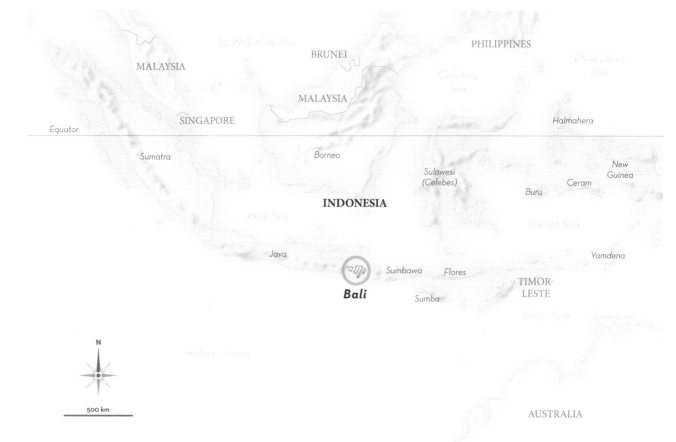

Vinos de Bali

Estos vinos son triplemente originales: por el clima tropical de la isla, por las variedades de uva plantadas y por la fiscalidad islámica de Indonesia

En Bali, a 8º de latitud sur, la temperatura permanece caliente todo el año: 27 ºC de media. La humedad varía según la estación, seca o lluviosa, pero siempre elevada; la vegetación tropical crece sin pausa invernal. Un clima insólito para la viña, liana mediterránea acostumbrada a un régimen más frugal.

La humedad provoca enfermedades (mildiu, oídio…) pero sobre todo trae consigo el riesgo de dar uvas gordas y abundantes, de jugos diluidos, sin la intensidad necesaria para una vinificación de calidad.

Otra característica de la isla: su religión es el hinduismo, pero aplica la fiscalidad de Indonesia, el país musulmán más poblado del planeta y donde las importaciones de vino están sujetas a altos impuestos. Hacia 1992, Ida Bagus Rai Budarsa, heredero de una familia de productores de alcoholes de arroz y propietario de una valiosa licencia de distribución, decide esquivar estos impuestos en las importaciones elaborando vino en la isla. Este inversor indonesio se asocia con un enólogo francés, Vincent Desplat: prueban a elaborar vino con los únicos racimos disponibles, una uva tinta de mesa local de la cepa *alphonse-lavallée*, que los campesinos cultivan para consumirla como fruta y para ofrecerla a los dioses hinduistas.

Propiedad de Ida Bagus Rai Budarsa, la finca Hatten empieza a producir en 1994 un vino rosado, fresco, afrutado, que se adapta bien a la cocina picante y marítima de la isla. Cada semana, durante todo el año, la bodega compra uva a los campesinos de la isla, la prensan y la vinifican. Los visitantes profesionales se siguen sorprendiendo de lo pequeña que es la prensa, teniendo en cuenta la producción de la finca – 1,5 millones de litros al año. En un clima templado, las instalaciones se usan una sola vez al año, en la temporada de vendimia, y están sobredimensionadas.

En Bali, una vez cosechadas las uvas, se poda la viña que vuelve a brotar, a dar hojas, flores y uvas que se vendimian cuatro meses más tarde (el año tiene 2,8 ciclos vegetativos). Hoy, la finca Hatten cultiva 35 hectáreas de uva blanca de una misteriosa cepa, la *belgia muscat*, y sigue comprando la uva tinta a los campesinos. Cultivadas en pérgola, las cepas dan una alta producción y protegen a los trabajadores de los ardores del sol. El sistema ha encontrado su lógica.

Tras veinte años de un trabajo poco usual, la apuesta parece ganada: se puede elaborar vino en los trópicos. Un tinto, dos blancos y dos espumosos con un método tradicional (*champenoise*) completan la gama. Hatten también importa de Australia bloques congelados de jugo de uva no fermentada, con piel y pepitas – aún sin alcoholizar, y por lo tanto libre de impuestos – que vinifica en Bali con la marca Two Islands.

Otra especialidad insólita: Maryse La Rocque, la quebequesa que se encargó de la comercialización de la finca, es una gran aficionada al Pineau des Charentes, y también lanzó una variedad del mismo tipo que este famoso vino dulce: pino de Bali, que sigue en catálogo.

Y por último, una divertida paradoja: esta propiedad vitivinícola prospera gracias a la fiscalidad islámica anti alcohol. Los hoteles de la isla (Hyatt, Novotel, Four Seasons, Aman…), que reciben a los amantes del vino, rara vez importan botellas del resto del mundo: compran pues a la única bodega de la isla que elabora vino con las uvas locales.

Hatten no exporta su producción. Para catar sus vinos, hay que ir a Bali.

ACERCA DE EDITORIAL JONGLEZ

Fue en septiembre de 1995, en Peshawar, Paquistán, a 20 kilómetros de las zonas tribales que visitaría días más tarde, cuando a Thomas Jonglez se le ocurrió poner sobre el papel los rincones secretos que conocía en París. Durante aquel viaje de siete meses desde Pequín hasta París, atraviesa, entre otros países, el Tíbet (en el que entra clandestinamente, escondido bajo unas mantas en un autobús nocturno), Irán, Irak y Kurdistán, pero sin subirse nunca a un avión: en barco, en autostop, en bici, a caballo, a pie, en tren o en bus, llega a París justo a tiempo para celebrar la Navidad en familia.

De regreso a su ciudad natal, pasa dos fantásticos años paseando por casi todas las calles de París para escribir, con un amigo, su primera guía sobre los secretos de la capital. Después, trabaja durante siete años en la industria siderúrgica hasta que su pasión por el descubrimiento vuelve a despertar. En 2005 funda su editorial y en 2006 se marcha a vivir a Venecia. En 2013 viaja, en busca de nuevas aventuras, con su mujer y sus tres hijos durante seis meses de Venecia a Brasil haciendo paradas en Corea del Norte, Micronesia, Islas Salomón, Isla de Pascua, Perú y Bolivia. Después de siete años en Rio de Janeiro, vive ahora en Berlín con su mujer y sus tres hijos.

La editorial Jonglez publica libros en nueve idiomas y en 40 países.

ACERCA DEL AUTOR

Tras formarse como ingeniero agrónomo y antropólogo, Pierrick Bourgault ha recorrido el mundo para conocer viticultores. Su objetivo: escuchar sus historias e intentar comprender todas las variedades de tierras, uvas y mercados que existen… Pero, sobre todo, observar la fascinante coexistencia entre las plantas y el hombre, los caprichos del clima, la naturaleza y las leyes, especialmente en el contexto de los vinos insólitos, un tema que le ha hecho merecedor del premio de la OIV (Organización Internacional de la Viña y el Vino) en la categoría de Vinos y Terruños, del primer premio del Gourmand World Cookbook Awards de Francia y del Grand Prix du Livre Spirit en la categoría de Bibliothèques Gourmandes.

En su faceta como periodista, Pierrick Bourgault ha ganado el Grand Prix de l'Afja (Asociación Francesa de Periodistas Agrícolas) por sus reportajes en Irak. Es autor de medio centenar de libros sobre bares, vinos, fotografía y relatos de vida.

Su web: monbar.net

DE LA MISMA EDITORIAL

Atlas

Atlas de climas extremos
Atlas de las curiosidades geográficas

Libros de fotografía

Cines abandonados en el mundo
España abandonada
Estados Unidos abandonado
Iglesias abandonadas - Lugares de culto en ruinas
Japón abandonado
Patrimonio abandonado
Venecia desde el cielo
Venecia desierta

En inglés
Abandoned Asylums
Abandoned Australia
Abandoned Italy
Abandoned Lebanon
Abandoned USSR
After the Final Curtain - The Fall of the American Movie Theater
After the Final Curtain - America's Abandoned Theaters
Baikonur - Vestiges of the Soviet space programme
Chernobyl's Atomic Legacy
Clickbait
Forbidden Places
Forbidden Places - Vol.2
Forbidden Places - Vol.3
Forgotten Heritage

Guías "Soul of"

Ámsterdam - Guía de las 30 mejores experiencias
Kioto - Guía de las 30 mejores experiencias
Soul of Atenas - Guía de las 30 mejores experiencias
Soul of Barcelona - Guía de las 30 mejores experiencias
Soul of Berlín - Guía de las 30 mejores experiencias
Soul of Lisbon - Guía de las 30 mejores experiencias
Soul of Los Angeles - Guía de las 30 mejores experiencias
Soul of Marrakech - Guía de las 30 mejores experiencias
Soul of Nueva York - Guía de las 30 mejores experiencias
Soul of Roma - Guía de las 30 mejores experiencias
Soul of Tokyo - Guía de las 30 mejores experiencias
Soul of Venecia - Guía de las 30 mejores experiencias

Guías insólitas y secretas

Cartografía: **Cyrille Suss** – Maquetación: **Emmanuelle Willard Toulemonde** –
Traducción: **Patricia Peyrelongue** – Corrección de estilo: **Milka Kiatipoff, Carmen Moya y Lourdes Pozo** –
Edición: **Clémence Mathé**

Portada: *Treille*, **Friedrich Kersting (1815) - Kunst Museum Düsseldorf**

© JONGLEZ 2023
Depósito legal: Septiembre 2023 – Edición: 01
ISBN: 978-2-36195-585-4
Impreso en Eslovaquia por Polygraf